民意のはかり方

「世論調査×民主主義」を考える

吉田 徹 編

岩本 裕
西田亮介
三輪洋文

法律文化社

はじめに

　本書は，現代の日本政治を念頭に「民意」と呼ばれるものが，どのような調査手法でもって明らかにすることができるのかを論じるものだ。現代政治は，民主主義国であれば何れの国であっても，「民意」を無視しては成り立たない。

　新聞の投書欄やテレビ番組の街頭インタビューが「民意」なるものを知るのに役に立たないとはいわないが，それ自体を民意とするわけにもいかない。もっとも，この民意とは一体何であるのか，どのように形成されるのか，どの程度確かなものなのかといった点については，議論が進んだり，認識が深まったりしていない。それはまず，何らかの調査や測定によってでしか，姿を現さないからだろう。それゆえ，民意と世論調査は一体不可分なものといえる。客観的な手続きや基準に基づいた具体的な根拠（エビデンス）がないままに民意を語るのであれば，それは主観的解釈の押し付けでしかないし，何のために調査をするのかといった問題意識がなければ，民意はそもそも明らかにならないからだ。

　つまり，「民意」や「世論調査」を論じる場合，そこには規範的な問いかけと，実践上の問いかけの両方がなければならない。規範的な問いかけとは，果たして「『民意』とは，『世論』とは何を意味するのか」という問いであり，これはそのまま民主主義や民主政治とは何であって，どうあるべきかを問うことを意味する。また，実践上の問いかけとは，この民意や世論と呼ばれるものはどのような方法や手段を通じて把握，認識することができるのか，という技術的な問いに関わるものである。

　以上から本書は，民主政治において欠かせない「民意」とは何であるのか，どのような性質のものであるのか，そしてそれはどのような手段を通じて明らかにできるのかという2つの問いを橋渡しすることを目的にしている。

　このため，第1部を構成する序章（「〈民意〉とは何か」），第1章（「民意を測る

i

世論調査」），第2章（「ソーシャルメディア時代の民意とその困難」）は，民意と世論調査について広く論じ，続く第2部の第3章（「『感情温度』が表すもの」），第4章（「『イメージ政治』からみえるもの」），第5章（「『感覚マップ』から浮かび上がるもの」）では，従来の世論調査とは異なる，革新性をもった新たな世論調査方法が具体的に提示されることになる。終章では，これらの議論を受けた上で，世論と民主主義が論じられる。

　本書が編まれることになった間接的なきっかけは，編者である吉田徹が2013年の第23回参議院議員通常選挙に際して，北海道大学公共政策大学院と北海道新聞社との協力事業「道民感覚マップ」を企画・報道したことによる。それ以前の2003年から東京大学谷口将紀研究室と朝日新聞社が，その後の2014年には立命館大学と毎日新聞社の共同研究「インターネットと政治」がそれぞれコラボしての世論調査を展開しており，何れもユニークな観点からの世論調査が展開されていた。アカデミズムとジャーナリズムとを架橋するこのような取り組みをパッケージとして提示することで，重要性を増しつつも，議論が深まらない民意と世論調査についての知見とすることができればというのが狙いのひとつになっている。

　したがって，本書はアカデミズムの外部の方々との共同事業の成果でもあることを強調しておきたい。さまざまな分野を専門とする研究者がメディアに登場することはあっても，組織的に持続性ある両者間の協力関係は，以前よりは増えてきたものの，まだ一般的とはいえない。そうした意味では，それぞれのコラボは，知的にも，組織的にも，大きなチャレンジであり，果実でもあった。

　各調査でのカウンターパートのお名前を挙げさせていただく（なお肩書きは当時のもの）。

　東京大学谷口研究室・朝日新聞共同調査は，2003年から国政選挙のたびに継続して行われている調査であり，立候補者を対象とした政治家調査と全国の有権者を対象とした世論調査からなる。2013年の世論調査では，朝日新聞社の栗原健太郎政治部次長，円満亮太記者，山下剛記者，広島敦史記者をはじめとする政治部・世論調査部・各地方総局の皆様のご協力をいただいた。記して感謝

申し上げる。東京大学側は，谷口将紀を責任者として，梅田道生，孫斉庸，三輪洋文が管理運営を担当した。法学政治学研究科附属ビジネスロー・比較法政研究センターの和田啓子助手とスタッフの皆様には，本調査のロジスティクスにご尽力いただいた。データ入力を迅速に行うことができたのは，河本和子さんと公共政策大学院の授業「政治とマスメディア」受講者有志のおかげである。谷口研究室外の東大関係者のご協力にもお礼申し上げる。

　立命館大学・毎日新聞調査は，2013年の公職選挙法改正に伴うインターネット選挙運動の解禁を契機に，はじめての国政選挙となった2013年参議院選挙，2014年東京都議選，2014年衆議院議員総選挙の3回に渡って実施された。選挙運動期間中に，当時まだ目新しい存在だったネット選挙運動をどのように分析し，日々の紙面とネットの双方で伝え，展開していくのかということについて部門横断的に厳しく検討し，実際にかたちにした。政治部，社会部，デジタルメディア局，世論調査室等部門横断的な体制と西田亮介によって実施された。なかでも，毎日新聞社の前田浩智政治部長，平田崇浩デスク，石戸諭大阪社会部記者，大隈慎吾世論調査室次長（肩書はいずれも当時）には大変お世話になった。小野塚亮慶應義塾大学SFC研究所上席所員（当時）にも分析面での協力を得た。本研究は，多くの皆さんの後押しと協力によって実施できたものである。いまでは当時とは異なった職場に移ってしまわれた方も少なくないが，改めて記して感謝する。

　「道民感覚マップ」の調査手法は，第5章にあるように，もともとフランスの在野の社会学者ドゥニ・ミュゼ（Denis Muzet）氏が率いる「メディアスコピ研究所（Institut Médiascopie）」が開発したものである。これを用いることができたのは，善意で調査手法について丁寧にブリーフィングをいただき，応用することを快諾いただいた同氏と同研究所スタッフの皆さんのお陰である。また，北海道新聞社の久保田裕之報道センター部次長，山下幸紀記者には，思い付きに近い企画の当初案を了承いただき，完成度を高めるために惜しみなく知恵を出していただいた。また調査実施に当っては北海道新聞情報研究所の僧都儀尚調査研究部部長，中谷亮調査研究部課長の協力を得た。あわせて感謝したい。

またその際の紙面構成に当っては，北海道大学公共政策大学院の小磯修二，石井吉春，山崎幹根の各教員の協力があったことも記しておきたい。

なお，本書で紹介されている3つの世論調査結果はあくまでもそれが対象とした選挙や時期，地域に限定的なものである。示される結果には，従来の世論調査では必ずしも明らかではなかったような興味深いものもあるが，そこで言及・紹介される結果は，その時点の民意であって，普遍的なものではない。したがって，本書に収められる世論調査はその結果よりも，それがどのような発想とデザイン，哲学に基づくものなのか，それがどのような意味合いをもつのかを示すことに力点が置かれていることに留意されたい。

21世紀に入ってから，あるいはそれ以前からも，「民意」と呼ばれるものが，かつてないほど毀誉褒貶に晒され，弄ばれるようになっている。政治的意見がますますラディカルなものになっていっている社会で，インターネットという技術革新とSNSというコミュニケーション様式の革新を得たこともあって，人々の意見はますます複雑化・複層化し，流動的になり，ひとつの意見が示されることで他の意見が呼び起こされるような，自己言及的な様相を呈するようになっている。そうした意味では，民意を正しい手法によって正しく可視化し，その実態と動態を捉える試みは今まで以上に真剣に取り組まれなければならないだろう。

戦後に，有権者の投票行動や政治意識論といった当時は新しかった分野を開拓したある政治学者は次のように述べている。「理論を唱える者は民主主義的な有権者が実際にどう行動するのかについて我々に教え，世論を調査する我々はこの国の有権者は実際にどう行動するのかについて，もう少し正確に理解することの必要性を唱える」(Berelson, Bernard "Democratic theory and public opinion," in *Public Opinion Quarterly*, vol.16, no.3. 1952)。

すなわち，世論調査は，特定の政権や政策の可否を判断したり，空気や時代を読むためだけにあったりするのではない。それは究極的には，民主主義という理想とこれを構成する人々との間がどのような連関があるのか，もし民主主義の理想と現実の民意が食い違っているとしたらそれは何故なのかということ

を，私たち自身が私たちに問うための材料でなければならない。このような意識のもとに実施される世論調査の先に浮かび上がる民意こそ，民意と呼ぶのに相応しいのではないだろうか。日本においても，これから政治学・社会学と世論・意識調査がより一層対等で緊密な関係を築いていくことは，フルスペックの民主主義を実現していくために求められている。

　民主主義は民意なくして，そして民意は民主主義なくして，意味をもたない。民意に沿ってそのまま政治が行われたり，政策が作られたりするわけではないが，民意を無視した政治や政策もあり得ない。それゆえ民意が何であり，どのように可視化し得るのか，その可視化された民意をどのように私たちに意味あるものへと変えていくことができるのかは，今まで以上に重要になっている。そのための議論のきっかけを提供することが著者一同の願いである。

　　2018年 7 月

著者を代表して
吉田　徹

目　次　民意のはかり方——「世論調査×民主主義」を考える

はじめに

序章　〈民意〉とは何か ───────────── 吉田　徹　1

「乱用」される民意 ／ 民意を生んだもの ／ 民意と世論 ／ 世論の危険性 ／ 世論調査の誕生 ／ 民意を計る ／ 世論調査への批判と反批判 ／ ポリフォニーな民意

第1部　〈民意〉をよむ世論調査の方法と課題

第1章　民意を測る世論調査 ──────────── 岩本　裕　25

2016年の衝撃 ／ 世論調査の黎明：200万人調査を打ち負かした3000人調査 ／ 世論と輿論：戦後の GHQ 支配と世論調査の普及 ／ 世論調査の科学的根拠：ランダムサンプリングと中心極限定理 ／ なぜ1000人で国民を代表できるのか ／ 世論調査を変えた RDD（Random Digit Dialing）法 ／ 政権を左右するようになった RDD 調査 ／ RDD 調査はどこまで信用できるのか？ ／ 回答率減少が招く調査の信頼性低下 ／ 本当の民意を知る？　討論型世論調査 ／ 岐路に立つ世論調査

第2章　ソーシャルメディア時代の民意とその困難
―――――――――――――――――― 西田亮介　6o

問題の所在：社会学，民意，世論調査 ／ ソーシャルメ
ディアの普及状況と介入事例，その学術的評価 ／ 日本
版ソーシャルメディア時代の組織型スピンドクター？：
2013年参議院選挙における自民党トゥルース・チームを
中心に ／ おわりに：有権者に軸足を置いた「民意」理
解に向けた課題と展望

第2部　新たな世論調査からみえてくる〈民意〉

第3章　「感情温度」が表すもの ――――――― 三輪洋文　83
　　　●東京大学×朝日新聞社の世論調査から

感情温度 ／ 調査の概要 ／ 世論の測定における感情温
度の利点 ／ 社会集団や政治的シンボルに対する感情温
度 ／ 感情温度が意味するもの ／ 日本における有権者
の感情温度 ／ 感情の構造 ／ 結語

第4章　「イメージ政治」からみえるもの ――― 西田亮介　105
　　　●立命館大学×毎日新聞社のネット選挙調査から

はじめに：日本版ネット選挙の実態把握を目指し
て ／「イメージ政治」とその蔓延，その背景 ／ 事例
の紹介：実践としての毎日新聞社ネット選挙調査 ／ 毎
日新聞社ネット選挙調査の評価と課題，展望

第5章 「感覚マップ」から浮かび上がるもの ― 吉田 徹 122
　　　●北海道大学×北海道新聞社の世論調査から

　北海道大学―北海道新聞共同調査「感覚マップ」の概
　要 ／「感覚マップ」から解るもの ／「感覚マップ」の
　目指したもの：世論調査の4つの弊害の克服 ／ 調査方
　法と課題 ／ 民意とのコミュニケーションを図る調査

終章 「メディア」としての世論調査 ――――――― 吉田 徹 138
　　　●〈民意〉なき時代の民主主義

　本書のまとめ ／ 断片化する民意，極化する民意 ／
　3つの調査に共通しているもの ／ 民意をつかまえるメ
　ディアとして

◆コラム

1　世論調査が間違える時　18
2　調査方法によるバイアス　39
3　ダブルバーレルとキャリーオーバー　49
4　中間的選択肢　55
5　「民意」と民主主義の脆弱性　72
6　選挙情勢報道　101
7　「政治のわかりにくさ」と新しいジャーナリズムへ？　118
　　　――規範のジャーナリズムから機能のジャーナリズムへ

序章　〈民意〉とは何か

吉田　徹

●「乱用」される民意

　「民意」という言葉が，マスメディアや政治家の口から発せられない日はないといってもいいだろう。「民意に適う」「民意に反する」「民意ではない」「民意を問う」「民意の暴走」等々，国政のみならず，地方政治や海外での政治について語る場合でも，多く用いられる言葉になっている。

　もっとも，「民意（＝民の意思）」とは，実際に何を意味するのか，明確とは言い難い。「民意」という言葉を日刊紙のデータベースを利用して検索してみると，『朝日新聞』では2010年から2015年の間だけで１万5000件，『読売新聞』では３万6000件余りの記事が「民意」という言葉を含んでいる。しかし，実際に「民意」がどのような概念であるのか，それはいかに定義されるのかということについては定義されない。

　たとえば，『朝日新聞』の社説（2015年９月９日）は，安倍晋三首相の自民党総裁の再選を論じる中で「民意」という言葉を多用している。安倍政権は「大きな政策で民意の支持が得られていない」として，世論調査で集団的自衛権や原発再稼動反対の数字が大きいことを論拠に「政権と民意の溝は広がるばかり」であり，「民意とのねじれを正す」のでなければ，「民意を顧みない政治はやがて行き詰る」と締めくくっている（「安倍総裁再選　民意とのねじれを正せ」）。

　一方，朝日新聞と政治的スタンスを大きく異にする『読売新聞』は，やはり

安全保障関連法制を論じる社説（2015年9月19日）で，安倍政権は「3回の国政選に大勝し，安定した政権基盤を築いたことが大きい。選挙公約にも平和安全法制の整備を掲げており，『民意に反する』との批判は当たるまい」と，政策が決して民意に反していないと主張している（「安保法案成立へ　抑止力高める画期的な基盤だ」）。

　このように，同じ「民意」を引き合いに出しながら，正反対の評価が下されるのは，ここで単に「民意」と呼んでいるものの輪郭が定まっていないからだ。

　「民意」という言葉を多用するのは，マスメディアに限らない。上の2つの社説が論じた安倍首相も，自らが「（憲法について──引用者註）国民的議論を深める上で大きな一歩であるということを申し上げたわけでございます。こうした議論を通じて国民的な議論が深まる中において，憲法改正についてのいわば民意がだんだんだんだん広がっていくということが期待される」と国会で発言している（2014年10月1日衆議院議院本会議での答弁）。あるいは野党の政治家からは「選挙でこの上なく明瞭な民意が示されているにもかかわらず，それを一顧だにしない態度が民主主義の国で許されると考えているのですか」と，時の政権を批判する文脈で民意という言葉を用いている（2016年9月28日衆議院本会議での共産党の志位和夫議員の質問）。

　また，マスメディアや政治家とは異なって，民意そのものを批判的に捉える立場もあり得る。ジャーナリストの斎藤貴男は，原子力事業や五輪招致といった国家的事業に際して，政官財のみならず，民間NPOも参入して，これら関係者の利益が最大化されるように世論が誘導される過程を丁寧にルポルタージュしているが，ここでも「民意」という言葉が何の定義もなく用いられている（斎藤 2014）。ここでいわれるところの民意とは，有形無形の権力を有する主体によって操作され，作り上げられるものとされている。

　何れにしても，政治や世論に携わり，それを形作る主体や関係者が，時々の情勢や政局に応じて「民意」とされるものを都合よく引き合いに出し，解釈しているのは間違いない。共同体の構成員が共同体の事柄について自己拘束的に決定するというのが民主主義の仕組みであるならば，決定された特定の政策や

方針への反対や賛成は，それが民主主義の原則に則っているのか，つまり「民意」と呼ばれるものに合致しているのか，反しているのかが最終的な根拠となる。その限りにおいて，場合によっては人々に支持されて成り立つ独裁や権威主義体制においても，どのように表現，解釈されるにせよ，「民意」は最終的かつ究極的な拠り所なのである。

　しかし実際には，民意という言葉は，時々の政治的主張や意見を正当化する文脈で多用され，乱用されている。果たして「民意」は，厳然として存在しているものなのか，それとも作られるものなのか，あるとしたらそれはどこにあるのか，誰が作るものなのか。こうした問いに答えられないのであれば，「民意」そのものがしっかりとした輪郭を帯びないのは当然のことだろう。「民意」が民主主義において欠かせないものであるのだとすればなおさらのこと，これが実際に何を意味し，どのような文脈や時代状況で生まれてきたのかを確認しておかなければならない。

　そこで本章では「民意」という言葉を焦点に据えつつ，それがとりわけ世論・意識調査やジャーナリズムとどのように関わってきたのかを確認することにする。そこで強調されるのは，あくまでも民意が民主主義にあって必要不可欠なものであること，そしてそれゆえ，その民意の多様性こそが尊重されなければならないということである。なお，ここでいう「民意」は「世論」とほぼ同義で用いることもできるが，「世論」は何らかの具体的な数字や意見に転換され，民主政治の基本的な総体としての態度のことを指すことになる。

● 民意を生んだもの

　「民意」とは何かと問われて，辞典の定義を借りるならば，一般的には「人民の意志」「国民の意見」の意味ということになるだろう（『広辞苑〔第六版〕』2008年）。「民意」という言葉自体は漢語に由来し，『漢書』や『管子』といった書物においてすでに用いられていることが確認できる。

　日本では，日刊紙データベースで確認する限り，1892（明治25）年，貴族院と衆議院の見解が異なるという，すなわち現在でいうところの「ねじれ国会」

があった場合に，どのように「民意を容れる」べきかが，社説で問われていることが確認できる。曰く「夫れ民意を容る〻の高徳たると政府に於ても然り貴族院に於ても然り衆議院に於ても亦然り」（『朝日新聞』12月28日社説「貴族院」）。

その他の新聞記事や社説を調べる限り，「民意」という言葉は，1887（明治20）年頃から使われてきたことが確認できる。中江兆民の著作（『三酔人経綸問答』『一年半有』）にも，「国民意」「人民意」「民意」といった言葉が，文字通り，人々の意思の集合体という意味合いでもって用いられており，当時の小説などでも「民意」という言葉が説明なく出てきていることが確認できる。1889（明治22）年には大日本帝国憲法が発布，翌年には第1回選挙が行われるが，日本が近代国家の制度や原理を確立していく中で「民意」という言葉が流布していったのは偶然ではないだろう。

戦後期になっても，時々の選挙結果や外交方針，政策過程をめぐって，それが「民意」と呼ばれるものとどのように合致しているのか，合致していないのか，どの程度政治や政策に反映されるべきなのかが，マスコミで常に論じられてきたことが確認できる。

政治思想の中で「人民の意志」としての民意を最も初期に定式化し，その後に広めるきっかけを作ったのはジャン＝ジャック・ルソー（Jean-Jacques Rousseau）の『社会契約論』（1762年）だろう。彼は，理想の国家を論じて，政府が行政官，政府，人民による3つの意志から成り立つものの，社会契約が機能するようにすること，すなわち「完全無欠な立法」を実現するためには「人民の意志または主権者の意思」，すなわち「一般意思」こそが「他のすべての意思よりも優越し，他のすべての意思を律する意思とならなければならない」と説いた（『社会契約論』第3篇第2章「様々な形態の政府の原理について」）。ルソーの社会契約論は，民意を代表する制度や人々を否定するものではなかったが，その中でも少なくとも行政や立法は「人民の意志」と合致しているものでなければならないことを前提としていた。18世紀後半からのこうした啓蒙期市民社会が討議や相互批判によって世論が生まれ，それが基礎となって，哲学者ユルゲン・ハーバーマス（Jürgen Habermas）のいう「公共圏／公共性」が生まれてい

くことになる。

　民意というものが一定度の正当性をもつようになった歴史は，世俗権力としての王政と宗教権力としての教会に代わって，「人民（ピープル）」こそが政体の基礎的単位であるとするフランス革命を起点とした民主主義の歴史でもあり，ここから，民意と民主主義は対として捉えられるのでなければならないとされていくことになる。当時の内務省がフランス各地に調査員を派遣し，「公衆の精神（esprit de public）」を報告するよう求めたのは1790年代半ばのことだった（Ozouf 1997）。

　これ以降，「人民」と呼ばれる人々が個々にもつ意志は，国家や政府にとって無視できないものとなっていく。

●民意と世論

　もっとも，当のルソーが続けて論じたように，人民の個々の意志は分散して存在しているがゆえに，その力は，弱いものに留まる。民主主義は，民意抜きには論じられないが，その民意は容易には実態化されないというジレンマを、民主政治は根本的に抱えているのである。このジレンマを踏まえて，ルソーは「人民の意思」は法的な意思の表明であり，「世論（public opinion）」は習俗的な表明であるとして，前者は制度的に作り出されるもの，後者は感情的な状態であるとした。民意の基礎には世論があり，これが民主主義と整合的な形で何らかの形態をとることで民意は捉えられるといえるだろう（同第4篇第7章）。ここにおいて民意と世論は，少なくとも定義上は，同心円状に重なりつつ，異なる存在であることがみてとれる。

　このような民意と世論の係わり合いを示す歴史的事例としては，1894年に起きたドレイフュス事件を上げることができる。当時，旧交戦国ドイツへの機密漏えいの罪に問われたアルフレッド・ドレイフュス（Alfred Dreyfus）は，彼自身がユダヤ系であることも手伝って，世論からの強い批判にさらされ，その高まりを受けた軍部は彼を軍法会議にかけて，禁固刑に処することを決めた。

　こうした対独復讐・反ユダヤ人に傾く世論に対して，「ドレイフュス派」と

序章　〈民意〉とは何か　5

呼ばれる文人や知識階級がドレイフュス擁護の論陣を張ることになった。「我れ弾劾する！」のタイトルで作家エミール・ゾラ（Émile Zola）がフォール（Félix Faure）大統領への公開書簡を「オロール紙」に掲載，これがドレイフュス釈放と軍部腐敗の追及のきっかけとなったことは余りにも有名である。マルセル・プルースト（Marcel Proust），エミール・デュルケーム（Émile Durkheim），ジョルジュ・ソレル（Georges Sorel）といった当時の文人・知識人だけでなく，画家のクロード・モネ（Claude Monet）もドレイフュス擁護に加わり，ドレイフュスにはその後に恩赦が与えられることになった。

オロール紙の当時の編集長で，後に大統領ともなるジョルジュ・クレマンソー（Georges Clemenceau）は，その回顧録で，世論が反ドレイフュスに傾くか，無関心を決め込む中，「真実」を明らかにすることでそうした世論は変えることができるはずだとした。そして，ドレイフュス事件の意味は単に彼の無罪を証明することができただけではなく，世論への何らかの働きかけを通じてより良い社会が実現する手段があることを証明できたことにあるとした（Clemenceau 1899）。クレマンソーによれば，世論を受動的で反応的なものに留めておくのではなく，知識人やジャーナリズムによる働きかけを通じてこれを変えることができるという経験こそドレイフュス事件がもった歴史的意味だった。

こうして，さまざまな手段や方法でもって「真実」を明らかにしていくこと，それに基づき人々の個々の意思が議論と批判を経て，より賢明な判断ができるようになっていくこと，それこそがその後のジャーナリズムや世論調査が発掘していくことになる「民意」を生んでいくことになる。

2016年になって，オックスフォード大学出版局は「ポスト真実（post truth）」という，イギリスの EU 離脱の国民投票の際にクローズアップされた言葉をこの年を象徴するキーワードとして選んでいる。EU 離脱によってあたかもイギリス社会が抱える問題が全て解決するかのような数字や説明が離脱派によって唱えられ，それに世論が説得されたことに対する皮肉でもあった。

ただ，それ以前から，とりわけアメリカでは，政治家やマスコミから発信される虚偽の情報やデータ，数字が問題視されており，その真偽を確かめるいわ

ゆる「ファクトチェック」の機能が一部マスコミで重視されるようになってきた。このように，民主主義の基盤となる民意とそれを形作る世論が，扇動やデマゴギーに惑わされないことが必要であり，客観的で理性的な判断を下すために世論には真実が明らかにされなければならないという意識は，報道や言論の自由といった近代的市民権の確立とともに，19世紀後半以降に獲得されたといって過言ではないだろう。

　民意の基礎となるこれら「世論」ないし「公論」（ともに英語では public opinion）はデイヴィッド・ヒューム（David Hume）やアレクシス・ド・トクヴィル（Alexis de Tocqueville）といった思想家の著作でも論じられているが，時代の趨勢を受けて，これをもっとも積極的な意味合いで捉えたのは，イギリスの歴史学者で，政治家でもあったジェームズ・ブライス（James Bryce）だった。彼の名は，日本では「地方自治は民主主義の学校である」という言葉とともに知られている。

　ブライスは，大使として赴任し，同国の政治学会の会長を務めることになるアメリカの政治社会を包括的に解明した『アメリカのコモンウェルス（The American Commonwealth）』（1888年）で，この国での世論一般のもつ影響力の強さと，その政治的正当性の重要さを説いている。曰く「大統領，知事，上下両院，マシンとしての政党を超えて聳え立つ世論は，アメリカにおいて最大の権力の源泉であり，師事する者が怯える主人なのだ」と。

　その上でブライスは，当時の先進工業国は，アメリカと同じように，世論による政治に向かって4つの段階を経て進んでいくことになると予測している。すなわち，①世論が受動的な段階，②革命などを通じて世論が統治機構に対して優位になる段階，③定期的な選挙によって民主的な政府ができる段階，そして④選挙や代表によらず，市民が常態的に意思表明することによって「世論による統治」が可能となる民主主義の段階である（ブライスの「世論」論についてはWilson 1939を参照）。

　ブライスによれば，ある国で定期的な選挙が実施されるとしても，そのプロセスは政党によって歪められることもあれば，政治家は選挙の結果に従わない

かもしれない。そうであれば，常態的に世論を捉えることを可能にしておけば，民意は歪められることなく，意思を表明し続けることができることになる。代議制民主主義を前提にした民主主義を論じたヒュームやトクヴィルと異なり，ブライスは選挙や議会よりも世論を優位に置くことで，「世論による統治」を全面的に肯定した。彼の議論は，近年ではIT技術を通じた市民感情の恒常的な表明を「一般意思2.0」として提示した東浩紀の議論とも通じ合うものがあるだろう（東 2011）。後述する世界初となる世論調査会社を設立するジョージ・ギャラップ（George Gallup）が「政府の最大の弱点は世論を客観的に捉えることができないことである」という，ブライスの言葉を引用した所以である。

● 世論の危険性

　もっとも20世紀に入り，とりわけ第一次世界大戦を経て，民主化とメディアの発達が進むと，世論に対する警戒を説く議論が台頭していくことになる。民意は容易に操作され，捏造されるものでもあると認識されるようになるのである。

　こうした議論を展開したのが，時代を代表するアメリカのジャーナリスト，ウォルター・リップマン（Walter Lippmann）による，その名も『世論』（1922年）と題された本だった。その後，人口に膾炙する「ステレオタイプ」という言葉を広めるきっかけを作ったのも，この本だった。

　世論とジャーナリズムについての古典でもあるこの作品で，ドレイフュスの時代のように，真実に基づけば，民主主義が機能するといった素朴な議論をリップマンは展開しなかった。彼は，人々は現実世界が余りにも複雑であるゆえ，事実に基づいて行動するのではなく「世界はこうあって欲しい」という願望に基づく「擬似環境」によって思考し，行動するのだと，第一次世界大戦時のプロパガンダ戦を例にとりつつ，力説する。いわば，現代の「ポスト真実」の状況をいち早く説明したのだった。

　もっとも，このようなリップマンの議論は民主主義を否定しようとするものではなく，メディアの発達やその情報の消費が大衆化していくことで，事実を

知る市民による合理的な政治参加という，民主主義の前提そのものが崩壊していることに警鐘を鳴らすものであった。そこでは，市民は容易に政治やメディアによって操作される対象になり下がってしまう。それゆえ，「人民主権」の原則が合意されているにも係らず，あるいはそれゆえに「大衆社会」の到来によって機能不全を来たしている民主主義は，旧来のような市民を代表するエリートではなく，情報の分析と収集能力に長けた「専門階層」と政治家との協働によってでしか維持できないと論じた。

　第一次世界大戦から第二次世界大戦までの戦間期は，「大衆論」で有名なオルテガ＝イ・ガセット（Ortega y Gasset），「パレートの法則」で知られるヴィルフレド・パレート（Vifredo Pareto）など，新しい大衆社会の誕生をみて，それに対する幻滅や警戒心が巻き起こっていた時代にあたる。ドイツやイタリア，さらには東欧諸国の一部など，ヨーロッパではファシズム体制が生まれることにもなる。そうした中で，世論とは何であるのか，それによって作られる民意がそもそも信頼に値するものなのかという議論が支配的になったのも，当然の成り行きだった。

　当時から，「世論」が何を意味するのか専門家の間でも議論があったのも事実である。1924年にアメリカ政治学会が主催した「政治科学全国大会」では，世論について討議を行うラウンドテーブルが設けられ，世論が何を指し，どのように定義され得るのかについて，すでに議論が闘わされていた（"Reports of the Second National Conference on the Science of Politics," 1925）。議事録によれば，世論は小さいとか大きいとか，単数とか複数とか操作可能な概念ではないゆえに，それは存在しないとの意見も出されたものの，世論とは最終的に，①合理的な精査過程を得たものである必要はないこと，②自覚的に選択された結果でなくともよいこと，③特定の状況下においてそれが根拠とされる程度に明確でなければならないことが必要との結論に至ったという。この大会では，世論を計る調査方法が24個も提示されたというから，リップマンなどの問題意識とあわせて，いかに世論を捉え，計り，評価するのかという点がすでに関心を集めていたことがわかる。

なお，この前年の第1回大会では，有権者のIQテストを批判したリップマンに対して，こうした調査には科学的根拠があるとする心理学者ルイス・ターマン（Lewis Terman）との間の論争も展開されており，有権者意識が信頼できるものなのかどうかということ自体が早くから論争の種となっていたことが伺える。

● 世論調査の誕生

　毀誉褒貶の激しい「世論」を可視化するという期待が叶えられることになったのは1930年代のアメリカでのことだった。1935年7月，当時の経済誌『フォーチュン』は3000人の成人の意識調査を「フォーチュン・サーヴェイ」として四半期ごとに発表することを公表した。さらに同じ年の10月には，ジョージ・ギャラップが設立した「アメリカ世論研究所（AIPO）」（後のギャラップ社）が，「アメリカは発話する（America Speaks）」と題した世論調査をマスコミ各社に提供することを発表する。これらが「世論」を可視化するための世論調査時代の本格的幕開けとなる（第1章参照）。

　それまでのアメリカでは，「ストロー調査」ないし「ストロー投票」と呼ばれる，街頭での用紙記入や雑誌クーポンの返送で行われるランダムな調査によって世論が計られるのが一般的だった。こうした客観的とはいえない世論調査の信頼が大きく失われたのが1936年の大統領選に際してのことだった。この時，ストロー調査でもって計200万人以上，投票者の20人にひとりの割合で調査の回答を得た『リテラシー・ダイジェスト』誌は共和党アルフレッド・ランドン（Alfred Landon）候補の勝利を予測したが，実際に勝利したのは，有権者構成比率を加味した約3000人への調査を行ったギャラップが予測した民主党候補のフランクリン・ルーズベルト（Franklin Roosevelt）だった。この時の調査対象者数には疑念が付けられるものの，この選挙以降，世論調査は科学的で信頼できるものと認識されていくようになった（岩本 2015）。

　1930年代は世界大戦が終結して，ベビーブームから各国での人口が増え，さらに科学技術が発展して，ジャーナリズムの発達とマーケティング技術の向上

が対となって進んだ時代に当たった。民主化と科学の進展こそが世論調査を生んだのである。ストロー調査のように、かつてのような数万人規模の世論調査を実施する必要がなくなったのも、統計処理を含む技術的手段が採用されることになって、その正確性や客観性が飛躍的に高まったからだ。民主主義への信頼と期待は、世論調査が用いた科学的手法の発展とともにもたらされたといっても過言ではない。

1935年の大統領選の結果を的中させたギャラップ社のモットーは「民主主義の脈拍を測る」というものだが、世論調査方法の発展によって民意は具体的な意匠をまとうことになり、民意に関する楽観的な解釈を今一度許すことにもなった。選挙が民意を問うものであるのは事実だとしても、それは数年に一度行われるだけのものであり、問われる争点も限られ、歪曲されるしかない。そのような限界を有しない世論調査こそ、人民の判断（popular judgement）として尊重されるに相応しいと、ギャラップは述べている。もともと心理学者だった彼は1938年に「世論調査は大衆（mass）に日々の重要課題について意見を表明することを可能にする」と述べて、組織をもたないサイレント・マジョリティが政治に参加する方法のひとつが世論調査であり、それは一種の「国民投票（レフェレンダム）」であるとさえした（Gallup 1938）。

第二次世界大戦の終結を迎え、戦前から少しずつ世論調査が一般的になっていたイギリスやフランスなどでも、このアメリカ経由の世論調査の手法が導入されていくことになる。その背景にあったのは、ファシズム体制に対する民主主義の勝利として演出された連合国の勝利であり、直後に本格化していく米ソ間の冷戦でもあった。マルクス主義とソ連のヘゲモニーに対抗するため、アメリカの民主主義的価値、これを具体的に支える科学的な世論調査の手法が、フォード財団やロックフェラー財団など民間団体の啓蒙・教育事業によって西ヨーロッパに持ち込まれた。たとえば、設立されればかりの国連教育科学文化機関（UNESCO）内には国際社会科学研究評議会が設けられ、1950年にはそのもとでアメリカの政府や財団の支援を受けた世界世論調査研究協会（WAPOR）が活動していくことになる。

日本でも連合国軍最高司令官総司令部（GHQ）の民間情報教育局（CIE）が世論調査の実施と管理を推進したが，これも民主主義の到来とともに世論調査がもたらされたことの証左である。それは，形式的な選挙はあっても少なくとも制度的な世論調査がないファシズムやコミュニズムと異なり，「投票に加えて調査によって計られる世論」があることが，民主主義のメルクマールだとされたからだった（Gunn 1995）。

　こうしてアメリカでは1950年代に，ヨーロッパでは遅れて1970年代になって世論調査は定着していくようになった。日本では，1945年の終戦直後に毎日新聞が世論調査室を発足させており，1965年にはNHKが放送世論調査所を設置するなど，比較的早い段階での世論調査の導入が行われた（岩本 2015）。

● 民意を計る

　以上みてきたのは，民意と呼ばれるものに輪郭を与える手段として世論調査がなぜ求められるようになり，それがいかに実現してきたかの議論だった。もっとも，その形式や手法がどのようなものであれ，世論調査や意識調査によって，つまり被調査者が特定の質問に答えることで，それがどのように民意と呼ばれるものへと変換されるのか，明確な理論や議論があるわけではない。もちろん，民意は世論調査だけによって発露されるものではない。選挙やマスコミ報道，日々SNSで発信され交換される情報，場合によってはその時代の小説，市井の人々の日記や証言などを通じても，民意の顔が覗けることは間違いない。しかし，これまでみてきたように，世論調査こそがその有力な手段であるとされてきたことも間違いない。

　ただし，この世論調査を通じて発見されていく「民意」がどのような概念であり，どのように解釈されるものなのかについては，政治学や社会学，歴史学などでも，必ずしも体系立って論じられてこなかった。それは，政治的な実践に携わる人々が余りにも安易に用いる言葉であるからでもあり，また選挙結果や社会運動などがもつ具体性や実証性と比較して，余りにも抽象的であるからだろう。以下ではこうした点を踏まえて，世論調査を通じて計られる民意に焦

点を絞って論じてみたい。

　「民意」という言葉に学術的な定義を日本ではじめて加えたのは，おそらく飯田・松林・大村『政治行動論』（2015年）である。ここで「民意」は，「個々の有権者の政治に関する意見を国や地域単位で集計したもの」と端的に定義されている。「民意」とは，個々の有権者の無意識的な「態度」を出発点として，言葉や現象を介してこれが「言語化」され「意見」となり，この意見を国や地域単位で集計したものとされる。そしてこの民意は，やはり世論調査によって測定されることが多いともされる。

　ただし，持続的で強度の強い個々人の「態度」と違い，環境からより影響を受けやすい「意見」は，変化することもあり得るとされている。つまり，政治社会との関わり合いにおいて，ミクロな基礎単位の個人の意見が変化することで，マクロな民意の方向も変わることが示唆されている。この本では「世論」の定義は施されていないが，民意を論じる上で世論調査が用いられるとしていることからも，民意は世論調査によってよりよく特定できるとしている点では本書と同じ立場にある。繰り返しになるが，世論調査だけで民意が明らかになるわけではない。それでも世論調査は現代社会において，民意を計り，明らかにし，民主的な社会に熟考を促す格好のツールであることは間違いないのである。

　実際に，世論調査の数はますます増えていっているという現状がある。内閣府がまとめた「全国世論調査の現況」によると，2014年度には計1573本もの世論調査が実施されているから，平均して毎月1回以上の世論調査が行われている計算になる。そのうち800近くの調査が1000人以上3000人未満を対象者（標本）として，60近くの調査が1万人以上を対象者としている。対象地域では市区町村が最多の1044本だが，全国規模のものも106本と，全体の1割弱を占めている（内閣府『全国世論調査の現況　平成27年版』）。

　このうち，一般的に馴染みのある新聞社や通信社，テレビ局の世論調査は年154本がカウントされている。マスコミの世論調査は全国規模のものが多いから，先の全国を対象とした世論調査のほとんどがこれらによるものと想定でき

る。この新聞社とテレビ局，通信社で世論調査を行うマスコミは計11社（朝日，日経，毎日，読売の各紙，共同，時事の通信社，NHK，JNN，ANN，FNN，NNNの各放送局）あるから，これらは世論調査を毎月やっている計算になる。

　ちなみに，世論調査の専門会社ではなく，マスコミ各社それぞれが実施主体となって世論調査の結果を報道するのは日本に特異なことといえる。これら世論調査でマスメディアが最も注目するのは内閣支持率や政党別支持率であり，時の政権や野党の勢いを表すものとして，その数字自体がニュースとして取り上げられることも多い。

●世論調査への批判と反批判

　このため世論調査が批判の対象となることもある。その代表的な批判が，世論調査が民意の客観的な測定というよりも，それ自体が政治の一部になってしまっているとの指摘だ。

　たとえば，政権が世論調査の数値を動かそうとして，一般的に評価されるような政策や方針を掲げたり，反対に政権の政策や方針を批判したりするために，マスコミが世論を誘導して調査する場合などがその指摘にあたる。既存のマスコミ各社は自身で世論調査結果を報道することができ，またインターネット時代にあっても調査には少なくない資金とノウハウを要するため，新聞とテレビで信頼度の違いはあるにせよ，世論に対して，いまだに強い影響力をもっている。それゆえ，内閣支持率や政党支持率のような継続的な質問だけでなく，時の政権の政策や方針，首相や閣僚の発言などについての賛否を問うて，民意と呼ばれるものを数値化し，自社の政治的スタンスに添うような調査結果をマッチポンプ的に報道することもある。たとえば，2016年3月に施行された安保法制について，共同通信の調査では「必要」とする世論が過半の57％（2016年3月20〜21日実施）だったのに対し，毎日新聞の調査では「評価しない」が49％と，異なる結果が出ている。「ワーディング（wording）」などというが，これはそれぞれの世論調査で，反対や賛成が多くなるような聞き方を設問で設けているためである。たとえば，「日本の安全保障を高める安保法制」，反対に「自衛隊

の海外派兵を認める安保法制」などと前置きするのでは，政策や法案に精通している回答者でない限り，安保法制そのものに対するイメージや評価は大きく変わることになる。

　世論調査の設問や質問の文言ひとつで，結果は大きく変わり得る。世論調査がありのままの政治や社会を反映するのではなく，世論調査が政治を作り出してしまうという側面があることは否めない。結果として，政治は民意に対する応答性を高める可能性もあるが，他方では短期的な課題や指針ばかりが優先される可能性も出てくる。これが「世論調査政治」の負の側面として指摘されることになる。こうした立場から，政治は世論調査に左右されるのではなく，選挙によって選出される代表への委任によって行われることを基本とすべきという意見も出てこよう。

　しかし，これは政治のあり方が変化していることの責任を世論調査だけに不当に押し付ける指摘でもある。民主主義が民意抜きに機能することは難しい。その中で，たとえば選挙による政党の得票や議席配分の結果だけが，その他の方法で計られる民意よりも正統なものとみなすことはできない。いうまでもなく，選挙制度によって民意の表出のあり方は大きく変わるし，また選挙戦を通じて問われる争点によっても選挙結果は左右される。語弊を恐れずにいえば，政党や政治家，あるいはマスコミの手によって民意が作られるという点では，選挙も世論調査も変わらない。

　また，選挙を頂点とする民意の表出を正統とする立場は，デモや政治集会，あるいは署名運動などの社会運動などによる政治参加の手段を副次的なものとしてみなすことになる。しかし，選挙による議会制民主主義によって決定できることは少なくなってきているばかりか，既成政党や政治家に対する不信は1960年代〜70年代以降，先進国で拡大し続けている。こうした状況で選挙のみによって民意は計られるべきとする立場は，逆に民主主義に対する信頼を失わせ，その機能不全を促しかねない。

　もちろん，投票と選挙による民意の形成と発露は軽視されるべきではない。ただし，18世紀以降の民主化の中での議論でみてきたように，民意の形成，そ

序章　〈民意〉とは何か　15

の発露のされ方は、科学技術の発展や民意の範囲とともに、常に変化し続けてきた。政治学者ベルナール・マナン（Bernard Manin）の見取り図を借りれば、民意は19世紀議会政治家を中心とした「議会主義」、20世紀の政党組織を中心とした「政党民主主義」によって代表されてきた。しかし、現代では利益団体や地域の崩壊によって、有権者がより個人化して、その時々の争点において砂粒のように集合と離散を繰り返す「公衆民主主義」へと移行してきている（Manin 1995）。日本でも1993年に自民党一党支配の構図が崩れてから、有権者のうち何れの党も支持しない無党派層が最多を占めている。政治家や政党に対する不信が高く、党員数も減少傾向にあって政党民主主義がもはや成り立たない状況にあって、世論調査は重みを増すことはあっても、不要ということにはならないはずである。まずは世論調査政治の時代が不可避であることを前提として、それを正しく用い、正しく読み解くことが求められているのである。

　別の観点からの世論調査への批判として有名なものにフランスの社会学者ピエール・ブルデュー（Pierre Bourdieu）によるものがある。詳しくは第2章と第5章に譲るが、その議論を敷衍した社会学者パトリック・シャンパーニュ（Patrick Champagne）は、フランスの状況を念頭に、数々の調査によって作り出される世論が政界、ジャーナリズム、社会科学者からなる政治文化的なエリートたちの合作に過ぎないと指摘した。民主主義でも、自律した世論というものは存在しない。あるのは時々の政治や社会情勢にあわせて、政治家にとって選挙で有利になりそうな争点があり、これについてメディアが尋ねたいように尋ね、調査について学者や研究者が知見を述べるという共犯関係であり、その結果として世論が作られていくことになるという。そもそも全ての事柄について、全ての有権者が何らかの意見をもっているわけでもないし、全ての意見が政治的に重要であるわけでもない。それゆえ、世論調査の数字をもって民意を語ることは、欺瞞でしかないと彼は告発する（シャンパーニュ 2004）。イエスかノーか、支持するか支持しないかといった二者択一によって作られていく世論は、その意見の濃淡や強弱も許されず、結果として人々に実際の意識からかけ離れて提示されてしまうことになる。

このような指摘は古くから存在した。アメリカの社会学者ハーバート・ブルーマー（Herbert Blumer）も，世論調査でもって民意を計ること自体が間違いだという。なぜならそれは，消費行動のような個人的な行為を計り，解釈することを可能にしても，さまざまな力学や制約された立場のもとで選択しなければならない，政治という集合行為を解するには適さないからだ。つまり，世論は社会を構成するものであっても，社会を動かす力ではなく，またそうであってもならないのである（Blumer 1948）。

　こうした世論調査に対する一連の批判は間違っているわけではない。しかし，注意しなければならないのは，世論調査に対するこれらの批判は，民主主義における世論調査のあり方や機能の仕方を問うものであって，世論調査そのものを否定しているわけではないということだ。世論調査に全ての民意を代替させてしまうこと，それがあたかも客観的な事実であるかのように捉えること，ただ「そこにある」ような素の民意というものがあると仮定することが間違っていることを主張するものなのである。

● ポリフォニーな民意

　世論調査の正確さには常に疑問が付されてきた。たとえば2002年のフランス大統領選では極右政治家の決選投票進出があり得ることを各大手の世論調査会社は予測できなかったことで，強い非難に晒され，調査についての法的な規制が議論された（コラム1参照）。また2015年のイギリスの総選挙で保守党の大勝利を事前に把握できなかったことで，各社はなぜ予測を誤ったかについての協議体を発足させた。また，2016年の国民投票でのイギリスのEU離脱や，アメリカ大統領選でのドナルド・トランプ（Donald Trump）当選を正確に予期できなかったことも，世論調査の限界を印象付けた（第1章参照）。

　サンプル（標本）のサイズや設問項目，その尋ね方やタイミングなどによって，世論・意識調査の正確さや予見性が変わってくるのは確かである。回答の確実性の測定などを含め，調査の方法が常に点検され，完成度が高められていかなければならないことは論を待たない。

◆コラム１　世論調査が間違える時

　フランス大統領選の第１回投票が行われた2002年４月21日，衝撃的なニュースが世界を駆け巡った。この選挙で，事前の世論調査や投票行動調査では予測されなかった極右候補のジャン＝マリ・ルペン（Jean-Marie Le Pen）が決選投票に進むという事態が起きたからだった。フランスの大統領選は２回投票制だが，この第１回投票で現職のジャック・シラク（Jacques Chirac）大統領が得票率19.88％で首位に立ち，ルペンはこれに肉薄する16.86％となった。続く５月２日の決選投票では，ルペン当選を阻止するため，左派政党支持者を含め保守政治家のシラクに投票し，結果として82.21％の大差をつけて勝利した。

　事前の世論調査では，現職首相で社会党候補のリオネル・ジョスパン（Lionel Jospin）がシラクとともに決選投票に進出し，保革候補同士の対立になるとなっていたのが，大番狂わせとなった。

　フランスは複数のメディアや調査会社，研究機関によって数多くの世論調査が行われる世論調査大国のひとつであり，1965年の大統領選で有権者の投票先調査が行われてから，少なくとも第１回投票の上位２名に誰が選出されるかの予測において，予測を外したことはなかった。しかし，2002年の大統領選に際して，ルペンが２位以内に収まることを予測した調査は有力社６社のうちのひとつもなかった（なお同選挙では計193回の世論調査がなされている）。

　世論調査はなぜルペンの第２回投票進出を予測できなかったのかについては，いくつかの説明がなされている。ひとつは，①事前にシラクとジョスパンという保革候補の一騎打ちが当然視され，それ以外のシナリオに注意が払われなかったこと，そのため，有権者が両候補以外に投票しやすい環境が作られたこと，②また極右候補に投票すると回答する有権者は世間体を気にして正直に回答しない傾向があり，これを世論調査では十分に補正できなかったこと，③さらに世論調査に関する法律（1977年７月22日法律）で，調査結果の公表は投票日を含め２日前までに限られているため，その間の有権者の投票先の変化について把握しきれなかったこと，④候補者が過去最高の16名にのぼり有権者行動の予測がより複雑になったこと，これと関連して特に左派陣営の候補者が多かったため，社会党ジョスパンの潜在的な得票率が伸び悩み，結果として相対的にルペンが浮上したことなどである。

　世論調査が2002年の選挙結果に直接的に影響したとはいえないものの，調査の

不正確さは政治家や学界からも批判されることになり，それ以来，世論調査の透明性をどのように確保するかの議論が進められてきた。中には，調査方法や設問文，誤差などを数字とともに必ず併せて公表しなければならないなどとの意見も出されたが，報道や表現の自由などの問題などとも絡み，世論調査については大きな法改正がなされないまま今日に至っている。ただし2016年には世論調査が何であるかについて法的な定義が施され，「世論調査とは，それがどのように呼称されようとも，国民の一部を標本としてその意見，期待，態度などを特定の日に質的な意味合いを込めて行う統計的調査のこと」と定められた。

　フランスには上記の1977年法のもと，国務院，破棄院（高裁），会計検査院が指名する委員および専門家からなる公的組織として「世論調査委員会」が設置されており，選挙にまつわる世論調査の方法や内容が法に合致しているかについて調査や監督を行っている。もっとも，世論調査方法の複雑化や利用方法の多様化などから，公正で透明な世論調査の実施は公的な監督機関に委ねるのではなく，調査の実施主体の努力にかかっているとの意見も多い。

　世論調査の手法にはさまざまな改善が施されているものの，最近では2015年のイギリスの総選挙での保守党の大勝を各社とも予期できなかったなど，選挙の事前の世論調査が大きく間違うことがないわけではない。イギリスでは世論調査各社による検証委員会が設けられたが，選挙に関する調査に際しては有権者が調査結果のリテラシーをもつとともに，実施主体が調査がもたらす影響について自覚的になりつつ，その精度を高めていくための不断の努力を続けることが求められるだろう。

　もっとも，そうであっても，世論調査によって民意の現状と将来を正確に捉えることはできないだろう。それというのも組織的，個人的メディアが高度に発達し，両者が複雑に交差する現代社会にあって，文脈によって，世論調査そのものが民意を作り上げていってしまう可能性があるからだ。たとえば，ある争点や問題について意見を求めることが，特定の意見を作り上げ，そして他の異なる意見を作り上げていってしまうこともあるだろう。その意味で，世論調査は万能ではないし，それを通じて可視化される民意は不動のものでも，絶対のものでもない。そもそも，どこかに正しい民意があるはずだと捉えること自体が，世論調査のみならず，民主主義そのものに対するリテラシーに欠いてい

るのである。

　民主主義を駆動させる民意は「そこにある」ものではない。個々人の意見が
さまざまな働きかけや情報の消費によって変化するのであれば，民意もまた
日々「作られていく」ものとなる。民主主義とは，特定の共同体についてその
構成員による自己決定の方式であるとすれば，時々の状況や文脈に応じて，方
針や枠組みは常に見直されていくことになる。

　そうした観点に置かれる民意とは，基本的に「ポリフォニー」（多声音楽を意
味する音楽用語）でしかあり得ない。そもそも，人々の意識や意見が単一的で
固定的だと想定すること自体が間違っているだろう。民主主義は移り気である
が，しかしだからこそ，強靭でもあり得るのだ。それは民主主義の「徳」とす
らいえる。

　このようなポリフォニーとしての民意の姿を，文人ウンベルト・エーコ
（Umberto Eco）は以下のように表現している。

> 　実際には徳を歴史的に独占する『民』と呼ばれるような自然な単一の意思や同じ感
> 情など，存在しない。あるのは多様な考えを持った市民であり，その中で多数の同
> 意を得たものに統治を許すような民主政治でしかない。その多数派による同意とい
> うものも，総体の数ではなく，様々な選挙区の散らばりを制度的に転換したものに
> 過ぎないのだから，民の同意を意味するのではない（Eco 2006：158-159）。

　重要なのは，民主主義の基礎をなす，このポリフォニーとしての民意を細か
に注意深く，さまざまな角度から投射して，その多様性に実態を与えることで
ある。つまり，民意を礼賛するのでも無視するのでもなく，それが実際には多
様であることを前提に，民意はいかに「正しく」可視化され得るのかを問うこ
と自体が重要な論点となってくる。そのために世論調査は有力なツールである
ということについて，第2部で紹介される調査は自覚的である。第2章で紹介
されるように，すでに日本を含む先進国ではインターネットを通じて集められ
るビッグデータを解析して，時々の世論と民意を瞬時にかつ的確に捉えようと
する試みが展開されている。ただ，その民意は，固定的なものではなく，その
瞬間に捉えられる民意のスナップショットでしかない。そして，好むと好まざ

るとに関わらず，民意が流動的で可変的なのであれば，それを可視化しようとする世論調査自体も，また多様でなければならない。

　ここに，世論調査を通じた「政治参加」の可能性がみえてくる。戦後政治学に大きな足跡を残した政治学者シドニー・ヴァーバ（Sidney Verba）は，1995年のアメリカ政治学会会長就任演説で，「サーヴェイ（調査）民主主義」なる言葉を掲げて，世論調査が政治的代表性を有しうることを論じた（Verba 1995）。

　通常の政治参加の方法，すなわち選挙での投票や街頭でのデモなどは，市民間に平等に配分されているわけではない。なぜなら，学歴や収入に比例して，つまりは生まれ育った環境に応じて，政治参加のための知識や行動力も変わってくることになるからだ。教育もなく貧しい市民は，大学に行くような所得の高い市民と比べて，投票に行く機会もなければ，政治に関心をもつ機会も与えられない。実際，投票するにしても，投票行動が社会にどのような意味をもつのか，それがどのような結果につながるのかについては相当程度の知識や想像力が必要であるし，デモやストライキなどは多くの時間と労力を要する極めてコストの高い政治参加である。しかし，こうした事実が積み重なれば，一人ひとりが主権者であるという民主主義の理想はフィクションへと化してしまうことになる。

　もっとも民主主義がフィクションへと堕落しないために機会の平等を増やし，政治参加の質量を高めていくことは必要なことである。そして，その途上にあって，数々の世論調査は，個々人の能力や資質に関係なく政治参加をフラットに配分する効果をもつはずだと，ヴァーバはいう。それは「貧しく，組織を持たないまま沈黙している市民にリソースを付与することになる」のである。このようにして市民に力を付与する世論調査こそが民意の名に値するのであり，それはマスコミや為政者が利用するものではなく，民主主義における主権者が自らの政治社会についての考察を深め，意見を形成するために貢献するものでなければならない。

　このように可視化される民意は，世論調査がなされなければ沈黙したままの受動的な民意かもしれない。しかし，世論調査がなければそもそも発掘される

序章　〈民意〉とは何か　21

ことのない民意もある。それはサイレント・マジョリティのみならず，サイレント・マイノリティなのかもしれない。

　少数派であっても，そこに民意があるという事実も大事なのである。このように日々発掘され，可視化されていく民意とともに，その他の政治参加──投票やデモ──が切れ目なく実現していく時，共同体の自己決定としての民主主義は，実像へと近づいていくのではないか。

＊追記

　下記に引用した文献のほか，本章の執筆に当っては Blondiaux, Loïc, *La fabrique de l'opinion, une histoire sociale des sondages*, Seuil, 1998ならびに Geer, John Gray（ed.），*Public opinion and polling around the world: A historical encyclopedia*, Vol.1, Vol.2, ABC-CLIO, 2004を参照した。

参考文献

東浩紀，2011，『一般意思2.0』講談社.

Blumer, Herbert, 1948, *Public Opinion and public opinion polling*, Bobbs-Merril.

Gallup, George, 1938, "Government and sampling referendum", *Journal of the American Statiscal Association*, 33(201), 131-142.

Gunn, James A. W, 1995, "Public Opinion in modern political science", James Farr et al. (eds), *Political Science in History*, Cambridge University Press.

飯田健・松林哲也・大村華子，2015，『政治行動論』有斐閣.

岩本裕，2015，『世論調査とは何だろうか』岩波書店.

Manin, B., 1995, *Principes du Gouvernement Représentatif*, Flammarion.

Ozouf, Mona, 1997, "Le concept d'opinion publique au XVIIIe siècle", *Sociologie de la Communication*, 1(1), 349-365.

"Reports of the Second National Conference on the Science of Politics", 1925, *The American Political Science Review*.

斎藤貴男，2011，『民意のつくられ方』岩波書店.

シャンパーニュ・パトリック，2004，『世論をつくる』（宮島喬訳）藤原書店.

Umberto, Eco, 2006, *A reculons, comme une écrevisse*, Editions Grasset.

Verba, Sidney, 1995, "The citizen as respondent: Sample surveys and American democracy", *The American Political Science Review*, 90(1), 1-7.

Wilson, Francis G., 1939, "James Bryce on Public Opinion: Fifty Years Later", *Public Opinion Quarterly*, 3(3), 420-435.

第 *1* 部

〈民意〉をよむ
世論調査の方法と課題

第1章 民意を測る世論調査

岩本　裕

●2016年の衝撃

　2016年，世界を揺るがす政治的衝撃が相次いだ。イギリスのEU＝ヨーロッパ連合（European Union）離脱決定とドナルド・トランプ（Donald Trump）大統領の誕生である。この2つの出来事は，世論調査を実施する関係者にとっても，大きな転換点になった「事件」として語り継がれるかもしれない。

　この年の6月，イギリスでEUからの離脱の賛否を問う国民投票が行われ，大方の予想を裏切って離脱派が勝利した。思いがけない結果を受けて，ニューヨーク株式市場は全面安の展開となり，ダウ平均株価は600ドル以上下げた。また，日経平均株価の終値の下げ幅も1200円を超え，リーマンショックによる世界的な金融危機を上回る大幅な下落となるなど世界に衝撃が走った。

　11月に世界を襲ったアメリカ発の衝撃はトランプショックと呼ばれた。8日に投票が行われたアメリカ大統領選挙で，これも大方の予想を裏切る形で共和党のトランプが第45代大統領に選ばれたのである。女性やイスラム教徒，障害者への差別的言動など，度重なる放言が災いして，「勝つことはないだろう」と世界の"理性的な"人々が予想していたトランプの勝利に，日経平均株価は1000円以上値下がりした後，1100円を超える上げ幅を記録するなど乱高下した。

　これらの衝撃の背景には，事前の世論調査の結果があったと指摘されている。イギリスでは世論調査で接戦が伝えられたものの，最終的には"理性的な"判

25

断によって残留派が勝利するであろうという予測が根強く，当日の世論調査も残留派が52％を獲得して勝利するという結果だった。アメリカも事前の世論調査は接戦だったが，当日の世論調査を元にした報道で，各社は民主党のヒラリー・クリントン（Hillary Clinton）が71〜99％の確率でアメリカ初の女性大統領の座を射止めるだろうと予測していた。予想外の結果を受けてメディアや調査会社が謝罪するなど，2つの出来事は，世論調査の信頼性に対し世界的に疑問符をつけるものとなった。

　このように，世論調査は現代社会に大きな影響を与える存在となっている。それだけでなく，世論調査は政策に国民が納得しているかどうかという"民意"を測るほぼ唯一の手段であり，政治的な課題や時の政権に対する国民の評価についての国民投票の代用としての側面をもつ。埼玉大学の松本正生教授はこれを「模擬的国民投票」と呼んでいるが，世論調査は，そうした意味でも重要性を増し続けている。

　一方で，世論調査の数字の扱いはとても微妙であり，受け取る側にきちんとした知識がないとだまされてしまうこともある。アメリカの作家マーク・トウェイン（Mark Twain）が引用したことで有名になったことばに「世の中には3つの嘘がある。嘘，大嘘，そして統計だ」がある。統計の数字をきちんと受け止め，正確に理解することの難しさを示す格言であるが，これは世論調査にもあてはまる。世論調査を活用するには，数字がどういう意味をもつのか，また，その数字で本当に事象を説明しきれるのかをきちんと理解すること，すなわち数字にだまされないことが重要なのである。

　第1章では，世論調査の歴史を振り返りながら，なぜ数千人の調査で民意を示しているといえるのか，数字にだまされないために何に気をつけていけばいいのか解説する。

●世論調査の黎明：200万人調査を打ち負かした3000人調査

　18世紀後半の独立以来，リーダーである大統領を国民の手で選んできたアメリカでは，その意向をあらかじめ予測する手段として世論調査が発展してきた。

初めての世論調査は1824年，ペンシルベニア州の地方新聞により行われたとされるが，現在使われている調査方法の多くはアメリカを起源とし，その発展にはマス・メディアが大きく関わってきた。中でも世論調査の進歩に重要な役割を果たしてきたのが選挙である。なぜなら，調査の「答え合わせ」ができるほぼ唯一の機会だからだ。アメリカの選挙の歴史は，少なくとも20世紀以降，世論調査の歴史に重なるといっても過言ではない。

　その歴史の中で特筆されるのが1936年の大統領選挙である。現職で民主党のフランクリン・ルーズベルト（Franklin Roosevelt）大統領と共和党のアルフレッド・ランドン（Alfred Landon）の事実上の一騎打ちだった。ニューディール政策でアメリカ経済を世界恐慌から立ち直らせたルーズベルトだが，当時はまだ不景気のまっただ中で，再選の見込みはないとさえいわれていた。

　この選挙で注目されたのは，100万部を超える発行部数を誇った週刊誌「リテラリー・ダイジェスト」の調査結果だった。リテラリー・ダイジェストは1000万人以上に往復はがきを送り，200万人から230万人の回答を得た。これは，実際の投票者の20人にひとりに当たる。この大規模調査で，リテラリー・ダイジェストはランドンが57％の得票で勝利すると予測した。

　一方，前年に世論調査の業界に参入したばかりのジョージ・ギャラップ（George Gallup）は，わずか3000人の調査をもとに，ルーズベルトが過半数の得票を得て当選すると予測したとされる。結果はルーズベルトの勝利で，ギャラップは，調査人数が圧倒的に多いリテラリー・ダイジェストを打ち負かしたのである。

　両者の違いは，調査対象の選び方＝サンプリングにあった。リテラリー・ダイジェストは購読者リストや電話帳，自動車の所有者リストを利用した。世界恐慌の時代に雑誌を定期購読したり電話や自動車をもっていたりする人たちのリストであり，サンプルが裕福な層に偏っていたのは想像に難くない。後にギャラップが電話帳や自動車の所有者リストを使って3000人に郵送調査をしたところ，リテラリー・ダイジェストの結果と１％しか違わなかったという。

　規模を追求したリテラリー・ダイジェストに対して，ギャラップは調査対象

がアメリカの有権者全体の縮図になるよう，性別や年齢，白人かそうでないか，居住地域，それに収入などでグループに分け，有権者と同じ割合になるよう調査した。この方法は「割り当て法」と呼ばれる。これをきっかけに，世論調査は「数を集める」方法論から「全体の縮図になるよう科学的に集めれば，サンプルは少数でいい」という考え方に大きく方向転換した。

　この成功でギャラップは一躍有名になり，割り当て法は世論調査のさまざまな分野で採用されて世界に広がった。しかし，1948年に行われたアメリカ大統領選挙で，ギャラップは予測を誤る。

　選挙は，事実上，民主党のハリー・トルーマン（Harry Truman）大統領と共和党のトーマス・デューイ（Thomas Dewey）との間で争われた。当時，民主党が分裂の危機にあったこともあって，多くはトルーマンが敗れるのではないかと予想しており，世論調査もその雰囲気を反映した結果になっていた。ギャラップはトルーマンが44.5％の得票にとどまり，デューイが49.5％を獲得して勝利するとした。また，ほかの世論調査でもデューイが半数前後の支持を得て勝利すると予測していた。ところが，結果はトルーマンが49.5％を得て勝利。デューイは45.1％で，予測とは正反対の結果になったのである。思いがけない結果に有力紙のシカゴ・トリビューンが一面でデューイ勝利の誤報を出すほど混乱した。

　ことごとく選挙結果を当て，社会に大きな影響を与えてきた世論調査の信頼は，この失敗で大きく失墜し，専門の調査委員会による検証が行われた。そこで指摘されたのが“主観”によるサンプリングの“ゆがみ”だった。割り当て法では「ニューヨークに住む40代の白人から○人」などと必要な人数を調査員に割り当て，答えを集めてもらう。その際，誰を選ぶのかという選択は，調査員の個人的判断にゆだねられていた。このため，例え本人が意識しなくとも「この人なら聞きやすそうだ」といった主観的判断が入って，結果がゆがんでしまったのだ。

　ギャラップの失敗をきっかけに，割り当て法の偏ったサンプリングが問題になり，この後の世論調査は，人の主観が入らず「神の見えざる手」で調査対象を選ぶ無作為抽出法＝ランダムサンプリングに移っていった。

28　第1部　〈民意〉をよむ世論調査の方法と課題

● 世論と輿論：戦後の GHQ 支配と世論調査の普及

「世論調査」ということばについては，「せろんちょうさ」と読む向きも少なくないが，NHK では「よろんちょうさ」と読む。

「よ」は訓読み，「ろん」は音読みであり，湯桶読みになるが，実は「世論」という漢字が使われるようになったのは戦後のことで，その前は「輿論」という漢字が使われていた。漢字の多さと難しさが国語教育の障害になっているとして使用が制限され，「輿」という字が使えなくなったことから，「世論」となったという経緯があるのだ。

『輿論と世論』（佐藤 2008）によると，当初は言い換えの例として「民論・公論」が挙げられていたほか，「よ論」という漢字かな交じりの言い方も検討された。こうした中で，輿論調査に関連した仕事をしていた官僚のひとりが毎日新聞社の担当者に対し，「『よろん』ということばを残すために，漢字を『世論』としてはどうだろう」と提案したという。そうすれば，『せろん』と読む人もいるだろうけれども，『よろん』と読む人もきっと残るだろうから，このことばを後世に残すことができるのではないかというのが目論見だった。

毎日新聞には，その翌日の1946年12月8日，いきなり「世論調査」という文字が躍り，翌9日には朝日新聞もならった。実は，毎日新聞社から朝日新聞社への働きかけがあったということで，これ以降，新聞各紙で「世論調査」が使われるようになったとされる。

こうして生まれた「世論調査」は国民の中に根付き，調査の規模も方法も発展して，「戦後民主主義の申し子」とも呼ばれるようになったのである。

その発展に寄与したのが，太平洋戦争で敗戦した日本に対し，占領政策を実行した連合国軍最高司令官総司令部（General Headquarters: GHQ）だった。ダグラス・マッカーサー（Douglas MacArthur）元帥が率いる GHQ はアメリカ軍を中心に編成され，日本の非軍事化と民主化を強力に推し進めたが，施策を実行していくうえで重視したのは，新聞や出版，放送などのマス・メディアだった。国民に政策の意義を浸透させることが占領政策の成否の鍵を握っていると判断したためである。浸透の度合いは日本国民の「世論」に反映されるので，世論

第1章　民意を測る世論調査　29

調査は非常に重要な方法と位置づけられた。

　一方で，日本政府が世論調査を行うことについて GHQ は慎重だった。調査結果を国民の思想の監視や世論の操作のために使うことを警戒していたからだという。これに対して，マスコミや民間の調査機関の行う世論調査には特に制約がないだけでなく，育成にも取り組んだ。その先頭に立ったのが民間情報教育局（Civil Information and Education Section：CIE）だった。

　民主主義の国，アメリカで生まれ育った科学的な世論調査を日本に根付かせるため，CIE はメディアからの相談に積極的に応じた。日本の世論調査の確立に大きな役割を果たしたとされる CIE のハーバート・パッシン（Herbert Passin）は「最初の頃，朝日，毎日，時事通信の 3 社から絶えず協力を頼まれた。調査をやるために相談に来るので，調査のデザインからサンプリング，面接方法，分析の方法に至るまで，できるだけアドバイスを与えた」と述べている。（吉田 1994）

　当時の CIE のメンバーは，科学的な世論調査の理想を掲げて何度も研究会を開き，本国ではまだ実施していない調査方法でも積極的に紹介して指導した。実際，現在使われているランダムサンプリングの採用時期を見ると，アメリカでは1948年の大統領選挙での予測失敗以降，本格的に取り入れられたが，日本では，そのときすでに実用化されていた。GHQ の方針を受けて日本には次々と調査機関が生まれ，その数は60数社とも170社に上ったともいわれている。

　戦後の世論調査の中心を担ったのは，新聞社だった。初めての世論調査を行ったのが毎日新聞で，終戦直後の1945年 9 月に専門の調査室を発足させ，10月に「知事公選の方法」について2000人に世論調査を行った。翌年 6 月の食糧事情に関する調査では人数を格段に増やし，20万人を調査した。

　同じ年，朝日新聞も20万人の世論調査を実施した。岩波新書『世論調査』（吉田・西平 1956）によると，このときの質問は次の 2 つだった。

　第一問　吉田内閣を支持しますか。
　第二問　もし近く総選挙があるとすればどの政党を支持しますか。

結果を報じた 8 月 5 日付けの紙面をみると，当時の21才以上の人口3982万人に対して，各府県の人口・年齢・職業を参考に，比率に応じておよそ200人に 1 枚の割合で公平に調査票を配ったが，ちょうど農繁期にあたっていたため，農村と老年層からの回答が少なかったと書かれている。

　朝日新聞は実施に先立ち，約半年間にわたって試験調査を行った。その際，『世論調査』の著者のひとりが調査員を頼まれている。著者は 5 枚の調査票を渡されて「適当な人」に記入してもらうよういわれたが，自分の周りの大学関係の人たちに配れば良いのか，それに関わりなく，いろいろな種類の人たちを調査対象にすればいいのか迷ったということで，「これでは，調査の結果がはたしてうまく全国民の意見の縮図になっているかどうか，はなはだおぼつかない」と指摘している。

　この頃の世論調査は，コンピューターどころか電卓さえない中，紙と鉛筆，それにそろばんを使って，20万人ものデータを集計しなければならず，聞ける質問は 2 ～ 3 問だった。日本新聞年鑑（1950年）は「サンプリングについて十分に整理統計の理論を活かしていなかった。たとえば質問カードを街頭に配布して回答を求めたり，徒らに調査対象の数のみを多くして大量観察によって正確度を期そうとする誤りを冒した」と記している。しかし，1948年から49年には「各社とも科学的に正確な世論調査の学理を体得し」，「新聞通信界の世論調査は長足の進歩を遂げた」という。実際，朝日新聞は1948年 7 月，「見本数3500人，面接法，地域層化無作為抽出法」という科学的な方法で政局についての世論調査を，毎日新聞は1949年 3 月，「見本数3552人，面接法，無作為抽出法」で吉田内閣についての調査を行っている。

　また，NHK も1948年に GHQ 仕込みの科学的な世論調査を初めて行うなど，日本のマス・メディアはアメリカの最新の技術を学びながら，独自に世論調査の方法論を発展させていった。

● 世論調査の科学的根拠：ランダムサンプリングと中心極限定理

　世論調査が科学的に信頼できるとされるのは，なぜだろうか。

ある事柄について日本人には賛成が多いのか反対が多いのか，意見の分布を調べるには，全員に意見を聞くのが最も正確であろう。その集団の全員を調べることを「全数調査」または「悉皆調査」という。悉皆とは悉く皆であり，全数と同じ意味である。ただ，１億2000万人以上の国民を悉皆調査するには，人手も費用も莫大なものになることは想像に難くない。

　日本で唯一行われている国民の悉皆調査は国勢調査である。大正時代の1920年から５年に一度行われ，2015年が20回目だった。この調査は「統計法」に基づいて総務大臣が行うもので，氏名や生年月日，学歴，家の広さ，通勤手段など約20項目を調べ，結果は，選挙区の区割りから税金，福祉までさまざまな政策を検討する際の基本的なデータとして活用されている。ただ，国勢調査には約700億円という莫大な費用がかかることからもわかるように，悉皆調査は集団が大きくなればなるほど現実的でなくなることは論をまたない。

　一方，世論調査では，時間と費用を節約するため，全体を代表するように人を選び，少数の人の結果から全体の結果を推測する。その代表を選び出すために最良とされている方法が，ランダムサンプリング＝無作為抽出である。ランダムサンプリングは，くじを引いたりサイコロを振ったりコインの裏表で決めたりといった，完全に偶然に支配される選び方，つまり人が“適当”に選ぶのではなく，“偶然”という「神の見えざる手」によって選ぶ方法だ。

　くじ引きやサイコロなどの完全に偶然に支配される出来事については，確率を計算することができるため，サンプルの値から全体の値を推計したり，誤差がどのくらいあるかを計算したりすることが可能になる。このように数学の確率論を当てはめられるということは，調査の正確さを数字で客観的に判断できるということであり，ランダムサンプリングで調査の対象者を選ぶのは科学的な調査であると証明するための強力な武器になるのである。

　確率論の中で，世論調査の基礎となっているのが「大数の法則」と「中心極限定理」だ。まず大数の法則については，コイントスで裏表がどのくらいの確率で出るかを考えるとわかるだろう。最初は表ばかり出ることもあるだろうし，10回，20回とコインをトスしても，表が60％，70％を占めることもあるだろう

が，100回，200回と繰り返したら，表と裏の確率はほぼ半々になることは，誰しも経験から納得できるであろう。

　次に中心極限定理の数学的な意味を簡単に説明すると，十分な数のサンプルを無作為に抽出すれば，そのサンプルの分布は中心が最も多い釣り鐘型のグラフになるというものである。

　そのことを具体的な例で直感的に理解してもらうため1円から50円の4種類の硬貨を貯金箱から10枚ずつ無作為に取り出して金額の平均を計算してみた。最初に取り出したのは1円玉が2枚，5円玉と10円玉がそれぞれ3枚，50円玉が2枚だったので，合計金額が147円，平均は14.7円だった。この10枚を元に戻して，また新たに10枚を無作為に取り出すということを繰り返した（図表1）。

　横軸に平均の金額，縦軸にその金額の出た回数をとってグラフにすると，最初の10回の平均金額は形がいびつである（図表2）。しかし，50回の平均では少しなめらかになり，15円付近を中心にやや左に寄った山型になった。回数が100回になると，ずいぶんなめらかになって釣り鐘型に近づき，500回では15円から20円付近を中心にしたほぼ左右対称のグラフを描くことができた。このように回数を重ねると，グラフはどんどん左右対称の釣り鐘型に近づくのである。つまり，無作為にサンプルをとって平均することを何度も繰り返すと，その値

図表1　硬貨の数え方

1回目	2回目	3回目	4回目	5回目		496回	497回	498回	499回	500回目
5	1	50	1	50		50	50	1	10	10
50	50	50	10	10		5	5	1	1	5
1	5	50	1	1		50	10	10	50	50
10	10	50	1	1		10	10	5	1	50
10	1	50	5	10		10	1	50	5	10
50	10	5	1	10		50	5	5	50	10
1	5	5	5	10		5	1	1	10	1
5	1	10	10	5		1	10	5	5	10
5	5	10	1	5		1	1	1	1	10
10	5	5	10	50		1	50	5	1	1

出典：筆者作成。

図表2　回数と平均金額

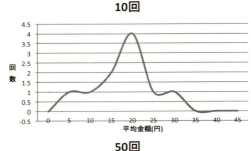

10回

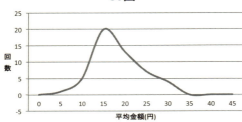

50回

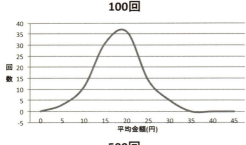

100回

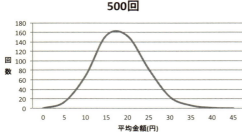

500回

出典：筆者作成。

は、全体の平均を中心にした釣り鐘型のグラフ（図表3）の中に入り、大きく外れることはない。これが中心極限定理の意味するところであり、貯金箱の中の硬貨をすべて数えなくても、サンプルを何度もとることにより、平均金額がいくらなのかを推測することができるのである。

「サンプルの平均が、元の集団の平均にかなり近づく」ということは、サンプルの中の割合も、元となる集団の割合に従うはずである。このため、世論調査で無作為に選んだ人たちに意見を聞けば、サンプルとなった人たちの意見の分布は中心極限定理によって全体の意見の分布にかなり似ることになる。つまり、無作為に選んだ人たちの意見が、日本国民全体や東京都民全体など元になったグループを代表すると考えて差し支えなくなるのだ。これが世論調査は科学的といえる根拠なのである。

中心極限定理でサンプルの平均がほぼ釣り鐘型のグラフの中に入るということは，逆にいえば，その時とったサンプルの平均がグラフの中のどこにあるかについては確実には分からない。

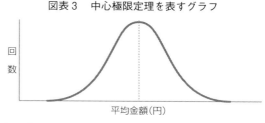

図表3　中心極限定理を表すグラフ

出典：筆者作成。

つまり，ばらつきがあることになる。このばらつきを統計学では誤差という。

グラフが描けるということは，誤差は計算で求めることができる。さらに，求めた誤差がどのくらいの確率で確かであるのかも計算できることになる。世論調査では通常，この「結果が確かであろう確率」を95％に設定している。つまり，調査結果の数字が100回のうち95回はプラスマイナス何％かの誤差の範囲内に収まることを保証できることになり，これも世論調査が科学的といえる根拠となる。

● なぜ1000人で国民を代表できるのか

では，なぜ1000人の調査で日本国民を代表した意見とするのだろうか。内閣支持率を例に考えてみよう。回答者が1000人の場合，誤差を計算するとプラスマイナス3.1％になり，支持率50％の場合は約47％から約53％である確率が95％ということになる。誤差をもっと減らすため，人数を3000人に増やすと誤差はプラスマイナス1.8％まで縮まるが，3倍の人に回答してもらおうとすると手間もコストも大幅に増える。

このため，世論調査では，予算と許容できる誤差をはかりにかけて，回答者を1000人にするか3000人にするか決めている。回答者の数は，対象となる集団が10万人の調査でも，1億人以上の日本国民を対象にした調査でも変わらない。どちらも中心極限定理を適用するのに十分な数だからである。

ただ，有効回答が100％の調査はあり得ないので，3000人の回答がほしい場合は，応じてくれないであろう人の分を加えて3600人を対象に調査する。1800

人とか5400人といった中途半端と思えるような数が世論調査の調査対象となっているのは，こうした事情からなのである。

　その調査対象者をランダムに選ぶために必要になるのは，できるだけ完璧な名簿である。日本の世論調査では，各市町村別にまとめられた住民基本台帳や選挙人名簿を利用しているが，選挙人名簿については有権者しか記載されていない上，使用が政治や選挙に関する世論調査に限定されているので，それ以外の調査では住民基本台帳を使う。

　ただ，住民基本台帳についても，2005年に個人情報保護法が全面的に施行されて以降，規制が厳しくなり，公益性が高いと認められた調査や研究でなければ閲覧することができなくなった。また，閲覧できるのは名前と住所，性別，生年月日に限られているが，これだけの情報があれば，中高生，20歳以上の男女，高齢者など，調査対象をしぼって無作為に選ぶことができる。また，国勢調査の結果でチェックすれば，選び出した対象について男女や年齢ごとの比率に大きな違いがないかどうかもチェックできる。

　住民基本台帳や選挙人名簿のメリットはもうひとつある。もし全国統一の名簿があった場合，その名簿から「神の見えざる手」で無作為に選べば，調査対象者はばらばらに散らばるであろう。調査員が一人ひとりを訪ねる際，場合によっては何百キロも移動しなければならなくなり，あまりにも非効率である。

　そこで編み出されたのが「層化無作為2段抽出」である。「層化」は，地域や都市の規模，農業やサービス業と云った産業別の人口割合を「層」にすることである。この「層」から無作為に地域を選び出せば，大都市ばかりだとか，農家ばかりといった偏りをなくし，全国の縮図になるよう調査地域を選ぶことができる。これが「2段抽出」の第1段階である。

　第2段階では，調査対象となった地域の住民基本台帳を閲覧して，やはり無作為に調査対象者を選ぶ。同じ地域に住んでいるから，調査する側も移動の苦労が少なくてすむ。この第2段階も無作為という「神の見えざる手」にまかせるために，住民基本台帳の何番目に記載されている人から選び始めるかを乱数で決め，そこから何人ごとと規則的に抽出する。

こうして，地域を「層化」して無作為に選び，そこに住む人たちから回答してもらう人をやはり無作為に選ぶという2段階の操作が層化無作為2段抽出法で，この「神の見えざる手」によって選ばれた人たちに話を聞くことで，世論調査の科学性は保たれているのである。

● 世論調査を変えた RDD（Random Digit Dialing）法

　世論調査を大きく変えたのは電話だが，その調査方法を開発したのも，やはりアメリカだった。

　ここまで紹介してきた世論調査は，主に面接法，配付回収法，郵送法で行われたものである。こうした方法では，実際に調査対象者に面接したり，調査用紙を郵送したりする必要があり，国土の広いアメリカでは，結果が出るまでに時間や費用がかかる。このため，普及に伴って電話による調査が中心になっていったのだが，その電話法の紹介の前に，それぞれの調査の特徴を見ておこう。

　面接法は，調査員が対象となった人の自宅を訪ね，質問を読み上げて答えてもらう方法である。答えは調査員が記録する。調査員が直接会うことから，実際に本人が答えたことを確認できるメリットがある。また，調査の趣旨などを面前で説明することができるので相手の理解が深くなり，正確な答えを期待できる。さらに，40問，50問と数多く質問ができるため，さまざまな角度から分析を行うことが可能になる。1970年代までは回収率も80％前後と非常に高かったことから，戦後ずっと世論調査のいわば「王道」とされてきた。デメリットは調査員を大勢雇って，一人ひとりで調査結果に違いが出ないようきちんと教育しなければならず，費用が高くなることくらいだった。

　配付回収法は留置法ともいわれる。調査員が，質問を記した調査票を対象者の自宅に配って，一定期間留め置いた後，答えを回収する。ちなみに漢字は，ビラなどを広く行き渡るように配るという意味の「配布」ではなく，一人ひとりに確実に届けるという意味の「配付」である。この方法では，調査の対象者が自分で答えてくれたかどうか確実にはわからないが，好きな時間に答えてもらうことができるというメリットがあり，最近は面接法より回収率が高くなっ

第1章　民意を測る世論調査　37

ている。

郵送法は，その名の通り調査票を郵送し返信してもらう方法で，調査員を雇わないので費用が安くすむことが最大のメリットである。昔から使われてきた方法だが，以前より回収率が上昇したという報告が相次いでいて，再び脚光を浴びている。最近は対象者が見知らぬ調査員と会うのをいやがる傾向が強く，郵送だと回答する側の心理的な負担が軽いこともあるのであろう。ただ，できるだけ多く返信してもらって回収率を上げようとすると，期間を長くとらなければならず，その間に，調査に関係する大きな事件や事故が起きたり政治的な動きがあったりすると，返信した時期によって回答が大きく違ってしまうというリスクがある。

電話法でも，当初は電話帳を使ってランダムサンプリングを行っていたが，アメリカでは1970年代に入ると番号を載せない世帯が約20％に達し，地域によっては40％に上った（Groves・Khan 1979）。

こうした中で，テレビが大統領選挙をはじめ主な選挙で独自の世論調査を行うようになったこともあり，手軽なRDD（Random Digit Dialing）法が広まったのである。RDD法は無作為に選び出した電話番号をダイヤルする方法で，1960年代にアメリカで開発された。コンピューターを使って番号を発生させることから電話帳を調べる手間がなく，短時間で手軽に実施できることが最大のメリットである。また，番号を載せていない家庭を対象に加えることができるという利点もあり，一気にゴールド・スタンダードとなった（Groves 1988）。現在も調査の主流である。

日本でRDD法が本格的に導入されたのは，21世紀に入る前後だった。朝日・毎日・読売の3紙は内閣支持率の世論調査を，もともと面接調査で行っていた。このため1960年代から70年代にかけては，年間の実施回数が，各社とも多い年で3〜4回だった。その後，読売新聞が1979年から面接法で毎月のように行うようになり，90年代に電話を用いる方法が開発されると10回前後の調査を実施するようになった。このときの電話法は，電話帳から選び出したり，住民基本台帳から選び出した人の電話番号を調べたりしていたため，時間も手間もか

38　第1部　〈民意〉をよむ世論調査の方法と課題

◆コラム2　調査方法によるバイアス

　世論調査にはバイアスがつきものだ。たとえば面接法，配付回収法，郵送法，電話法のどれを使うかによって結果が大きく違うこともある。このため，同じ質問を使っていても，調査方法が違えば結果を直接比較しないのがルールである。

　それを示す実験調査がある。NHK放送文化研究所は，面接法で行っている「日本人の意識」調査の際，同じ質問を配付回収法や郵送法で行い，回答がどう違うか比較した。（調査方式比較プロジェクト　2010）

　顕著な結果が出たのが「生活全体についての満足感」だった。「満足している」という答えは面接法で27.6％だったのに対し，自分で記入する調査方法では，配付回収法で18.4％，郵送法で19.8％と低かったのである。一方，「どちらかといえば不満だ」は面接法で10.7％だったのに対し，配付回収法と郵送法ではいずれも15.7％と高い結果になった。突然訪ねてきた赤の他人に対して「生活に満足していない」と答えるのは難しく，本音よりも「こう答えた方が他の人には格好がつくだろう」という答えを選びがちなのであろう。

　宗教についての質問も同様の傾向があり，面接法では「神」を信じるという答えが32.5％だったのに対し，配付回収法と郵送法では10ポイント以上高くなった。一方，「何も信じていない」は面接法の方が高くなっている。

　回答の分かれる質問には，賛成と反対の間の選択肢である「中間的選択肢」もある。「日本人の意識」調査では，夫婦別姓について，「当然，妻が名字を改めて，夫のほうの名字を名のるべきだ」「現状では，妻が名字を改めて，夫のほうの名字を名のった方がよい」「夫婦は同じ名字を名のるべきだが，どちらが名字を改めてもよい」「わざわざ一方に合わせる必要はなく，夫と妻は別々の名字のままでよい」の4つの選択肢で聞いている。その結果，「当然，夫の姓」や「別姓でよい」という両極端の回答については面接法が高いのに対し，「現状では夫の姓」や「どちらが改めてもよい」という中間的な選択肢は，自分で記入する配付回収法や郵送法のほうが高くなっている。その理由については，安易な考えで中間的選択肢を選んでいるのではなく，自分の好きな時間にじっくりと考えて記入する場合，突き詰めると「どちらかといえば」という答えのほうがしっくりくるケースが多いのではないかという指摘がある。

　知識についての質問も回答が変わる。憲法で保障された権利はどれかを選ぶ質問では，配付回収法や郵送法で正解が多くなった。調査対象となる人に一定期間，

第1章　民意を測る世論調査　39

調査票を預けるこれらの方法では，誰かに聞いたり調べたりすることができるので，正解が多いのは当然といえる。このため，知識を聞く質問は面接法か電話法で行うべきとされている。

　また，どの新聞が行った調査か，どのテレビの結果かなど，調査を行った主体によって結果が違うことも知られているが，さらに，同じ調査主体でも，実施する調査機関が違うと回答が変わることも，この調査でわかった。実験調査では，同じ面接法で，NHK自身が行った調査と外部の調査機関に委託して行った場合を比較した。その結果を見ると，有効回答の割合自体，NHKが57.5％に対し，委託した調査機関は54.1％とNHKの調査の方が高かった。回答については，信仰・信心で「何も信じていない」，政党支持に関する質問で「特に支持している政党はない」と答えた人が委託調査の方が高くなっていた。

　このように，調査方法，調査主体，調査機関などの微妙な違いが結果に大きな影響を及ぼす可能性があり，違う調査の結果を単純に比べることは世論調査では厳禁なのである。

　ちなみにバイアスには，ほかにも「公明バイアス」や「おばあちゃんバイアス」といったものが，報道各社が選挙の投票日に行う出口調査で知られている。

　出口調査では，投票を終えて出てきた人に投票先を聞くが，公明党支持者は期日前投票が多いため，当日の調査だけしか行わない場合，実際の票数より少なくなる。この「公明バイアス」を避けるため，各社は期日前投票でも科学的な出口調査をして，事前の得票をつかんでいる。

　「おばあちゃんバイアス」は，お年寄りの女性に調査を拒否する人が多いため，おばあちゃんの支持が高い自民党の票が低く出ることである。これを避けるために，回答を拒否した人についても性別やだいたいの年齢などを記録して，後の分析に役立てている。

　こうしたバイアスがあることを知っているのと知らないのとでは，世論調査の結果を比べる際に大きな違いがあるので，注意が必要である。

かったが，それでも従来の方法に比べて費用はずいぶん安くすんだという（松本 2003）。

　毎日新聞は1997年にRDSと呼ぶ方法を導入した。これはDialingのDをSamplingのSに変えた呼び名であり，コンピューターでランダムに発生させた電話番号にかけるという意味でRDDと同じものである。また，朝日新聞は，

小泉純一郎が総理大臣になった2001年頃からRDD法を本格的に導入した。

　RDD法は住民基本台帳を使う手間がないので，短時間に実施することができ，費用も面接法の数分の1程度に抑えられる。この頃には日本でも電話番号を電話帳に載せない人が増えていたこともあって，電話帳を使う必要のないRDD法は急速に普及し，NHKも2003年の衆議院選挙から取り入れた。大きな出来事があったときにすぐ対応できる機動性が評価され，現在，日本でもマスメディアの世論調査の中核をなしている。

●政権を左右するようになったRDD調査

　各社が世論調査にRDD法を本格的に導入した時期は，2001年から5年以上にわたって政権を維持した小泉内閣に重なる。後に「小泉劇場」と呼ばれる，国民という観客を巻き込んだ劇場政治の登場と，機動性の高いRDD法の導入が軌を一にしていたのは，特筆に値する。

　小泉氏は世論の支持をバックに総理大臣の座を勝ち取った。それまでの自民党は，派閥というグループの中での序列や派閥ごとの力関係で総理大臣を決めていたが，小泉氏は「自民党をぶっ壊す」と主張し，国民的な人気を支えに最大派閥の候補を破って総理大臣に就任したのである。

　発足当初の小泉内閣の支持率はNHKが81％で，翌月には85％に上がった。この高支持率は今も破られていない。また，新聞や通信各社の調査でも軒並み80％前後と歴代の内閣で最高の支持率を記録し，朝日新聞は直前の森内閣の9％と比べ≪最低から最高へ≫という記事を載せたほどであった。

　この頃から，新聞各社は緊急調査にもRDD法を活用し始めるようになり，2001年9月には，9.11アメリカ同時多発テロでの対応について，翌年2月には田中眞紀子外務大臣を更迭したことについての世論調査が行われた。国民に人気が高く小泉総理誕生の鍵を握ったとされる田中外務大臣の更迭の際は，小泉内閣の支持率が急落し，朝日新聞では23ポイント下がって49％に，読売新聞では30.9ポイント下がって46.9％に，毎日新聞では24ポイント下がって53％になった。

第1章　民意を測る世論調査　41

これらの調査は，RDD法だからこそ実現できた，まさに緊急世論調査だった。田中外務大臣の場合，更迭されたのが1月29日の深夜で，最も早い読売新聞の世論調査が掲載されたのは2月2日。緊急調査は1月31日と2月1日に行ったと書かれているので，30日に1日で準備したことになる。これまでの方法では考えられないスピードだった。朝日新聞は，同じ日付の《『小泉離れ』急速支持率大幅ダウン，与党内に危機感》という記事で，読売新聞がホームページに載せた調査結果を引用している。ライバルといわれる新聞社の調査を元に記事を書くのは極めて異例だろう。

　このようにまったく予想がつかず事前の準備ができないビッグニュースでも，すぐに調査を実施できるRDD法の機動性は，田中外務大臣の更迭を機会に大きく注目されることになった。

　RDD調査によって毎月調べられるようになった内閣支持率だが，小泉内閣は，その後も若干の上下を繰り返しながら50％前後の高さを維持し，不支持が支持を上回ることはほとんどなかった。NHKの世論調査では，退陣した2006年9月の支持が51％，不支持は39％だった。

　小泉内閣を継いだ第1次安倍内閣は，60％を超える高い支持率から徐々に数字を下げ，2007年7月の参議院選挙の頃には，常に不支持が支持を上回るようになった（図表4）。そして，この選挙で惨敗し，自民党は1955年の結党以来初めて参議院の第1党を譲って，民主党がその座につく。衆参のねじれ状態が始まったのである。

　8月には支持率が29％にまで落ち込み，安倍氏は9月に突然，総理を辞任。後継は福田赳夫元総理の息子・福田康夫氏で，親子で総理大臣になったのは初めてのことだった。その福田政権も当初こそ，支持率が50％を超えていたが，ねじれ状態で政権運営がままならない中，「政治とカネ」の問題や閣僚の失言が噴出し，発足から1年で退陣に追い込まれた。その時の支持率は20％にまで落ちていた。

　次の麻生政権もねじれ状態の中で有効な政策を打ち出せず，発足から半年もたたないうちに支持率が20％を切った。結局，支持21％，不支持70％で衆議院

図表4　NHK内閣支持率（第一次安倍〜野田）

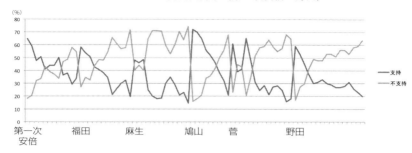

出典：NHK世論調査をもとに筆者作成。

を解散したが，現職閣僚でさえ6人が小選挙区で落選するという記録的な大敗を喫し，政権を民主党に明け渡した。

　戦後初めての本格的な政権交代といわれた民主党の鳩山政権は70％を超える高支持率でスタートしたが，母親から5年間で9億円あまりをもらっていたという金銭問題や，沖縄県のアメリカ軍普天間基地を県外に移設するという公約が実現できないなど政策面での迷走がたたって支持率が急降下し，1年を待たずして退陣した。政権末期の支持率は21％だった。

　つづく菅内閣，野田内閣も就任当初60％あった支持率が1年後には20％前後にまで落ち込み，政権を退いた。

　安倍，福田，麻生，鳩山，菅，野田と6人続いて1年前後で日本のトップが変わるという異常な事態には，世論調査が大きく関わっていたという指摘がある。

　一般的に内閣支持率は30％で危険水域，20％で政権は退陣といわれ，これまで見てきたNHKの世論調査からも，そうした傾向が読み取れる。その理由として挙げられるのが選挙である。

　総理大臣は国民の代表であると同時に政党の代表なので，政権を維持していくためには選挙に勝たなければならない。特に1996年，衆議院選挙に小選挙区制が導入されてからは，その傾向が顕著になった。小選挙区制はひとつの選挙

区でひとりしか当選できない仕組みであり、そのとき勢いのある政党から当選者が大勢出る可能性が大きい。このため、それまでの中選挙区制に比べて政権交代が容易になる。2009年には自民党から民主党への政権交代が、2012年には逆に民主党から自民党への政権交代があったが、それを可能にしたのが小選挙区制だった。

政権交代が現実味を帯びると、それぞれの政党の内部で、選挙に勝てる"顔"を求める動きが強まる。このため、人気が落ちた総理＝代表を引きずり下ろそうとする力学が働く。そのスタートを告げる合図となるのが支持率30％、20％というラインだと考えられる。

新しい"顔"を得ると、支持率はご祝儀相場のように上がる。1年で変わった6人の総理大臣の就任当初を見ると、一番低い麻生氏で48％、ほかは60％前後から70％の支持を得ていた。内閣支持率が毎月調査されるようになったことの国民にとってのメリットは、総理大臣が、ひとつの党の内部の論理を優先して選ばれる時代に終わりが告げられ、国民の心をつかんだ政治家が選ばれやすくなった点だろう。

一方で、世論調査の結果ばかりに引っ張られるべきでないという意見もある。長期的な国家運営を見据えると、国民に嫌われる政策であっても実行しなければならないものは少なくないからである。特に、先進国で最も多い1000兆円の借金を抱える日本の財政を立て直すことは急務だが、それには増税という痛みを伴う。こうした政策が先送りにされがちだという指摘にも耳を傾けなければならないだろう。

新聞・テレビ各社が、毎月発表する内閣支持率は、政権の命運を左右するまでになった。もちろん、左右しているのは調査結果ではなく、そこに現れた国民の声なのだが、ではRDD法の調査結果が本当に国民の声といえるのかという疑問も出てきている。

●RDD調査はどこまで信用できるのか？

ここからはRDD調査の抱える課題をみていく。多くの人が疑問に思ってい

るのは，調査を実施する社によって結果が違うのはなぜかという点だろう。その具体例として，内閣改造の際の調査結果が各社で大きく違ったケースを検証する。

　2014年9月3日，安倍総理大臣は第2次内閣の顔ぶれを一新した。

　読売新聞は5日付の朝刊の一面トップに《改造内閣　支持率上昇64％　13ポイント増　女性登用「評価」67％》とする記事を掲載した。戦後最多に並ぶ5人の女性閣僚を登用したことや，総裁経験者を党の幹事長という要職に据えて党内に安定感を出したことが評価されたとしている。さらに，野党の反応も《支持率上昇　驚く野党「想定以上」「手堅くあっぱれ」》という見出しで伝えた。

　日経新聞も11ポイント増えて60％と大きく支持を回復したと報じ，NHKは7ポイント増の58％，共同通信は5.1ポイント上昇して54.9％，産経新聞は3.9ポイント上がって55.7％だった。

　朝日新聞は各紙より少し低いが，それでも5ポイント上昇し《内閣支持率上昇47％　女性閣僚5人「評価」55％》と報道した。

　毎日新聞も朝日と同じ47％だったが，見出しはまったく違っていた。一面に躍った文字は《改造内閣支持横ばい47％》。つまり毎日新聞の結果は，支持率が前回とまったく変わっていなかったのだ。各社とも調査の実施方法が細かな点で違うため，数字が変わることは珍しくないが，これほど大きく，さらに傾向まで違うのは滅多にないことだった。さすがに問い合わせが多かったのか，毎日は翌日，読売も4日後に，なぜ数字が違ったのかを検証する記事を載せた。

　両紙が原因としてあげたのは2つだった。ひとつは「重ね聞きの有無」である。読売は内閣を支持するかどうか質問する際，明確な答えが得られない場合は「どちらかといえば支持しますか，支持しませんか」と聞いているという。支持率が高く出たのは読売と日経だが，この2紙は選挙の際，共同で世論調査を実施している。2紙だけ高かったのは，それ以外の社は重ね聞きをしていないためではないかという分析である。NHKの電話調査でも回答を迷う人は少なくないので，確かに重ね聞きの影響は考えられる。

　両紙がもうひとつの原因として挙げているのが選択肢の違いである。支持率

第1章　民意を測る世論調査　45

を尋ねる際，毎日は支持・不支持のほかに「関心がない」という選択肢を設けている。ほかの社は支持と不支持の二者択一である。不支持については読売が29％，毎日が32％と大きく変わらないが，毎日では「関心がない」という人が18％いるので，積極的に支持する人以外は「関心がない」という答えに流れ，支持率が低くなった可能性があるのだ。

　このほかにも，少なくとも記事に載っている質問文を比べてみると，産経と共同は「安倍改造内閣」と「改造」ということばを入れて支持率を聞いている。「改造されたのなら，よくなったのではないか」と考えて支持と答えた人もいるだろう。また，緊急実施した読売や共同などは平日に調査を行っている。一方，定例で行ったNHKや産経は，土日を挟んで調査を実施している。平日の夜，忙しいサラリーマンは帰宅していないケースも多く，答えてくれた人の中に主婦やお年寄りが多くなったことも考えられる。さらにいえば，改造した直後と，何日か経ってからでは反応も違うだろう。

　同じ調査をしても，このように各社で傾向が違うことがある。どうしてそうなったのかについては，質問文や選択肢がどうだったのかだけでなく，どのような質問の仕方をしているのか，行った時期はいつかといった細かな点まで踏み込んでチェックする必要がある。同じことを聞いているように見えて，一つひとつの調査で結果は違う。世論調査がそうした弱点を抱えているのも，また事実なのである。

　もうひとつ，RDD法による調査で各社の報道が大きく違ったケースをみてみよう。

　2012年9月，世間の注目を浴びて，ひとつの政党が結成された。「日本維新の会」。大阪市の橋下徹市長が中心になってつくった「大阪維新の会」を母体にした全国規模の政党だった。地元の大阪など関西圏で絶大な人気を誇っていた橋下市長が，その勢いで国政に乗り出したため，自民党と民主党という2大政党に対抗する第3極ができるのではないかと注目されたのである。

　その日本維新の会結党から間もない11月，民主党政権の野田総理大臣は突如，衆議院の解散を表明し，12月に総選挙が行われた。

解散が決まった直後から，マスコミ各社は，比例代表でどの政党に投票するつもりか，RDD法による世論調査を実施した。投票先として自民党が大きく支持を伸ばすという結果に各社とも違いはなかったが，日本維新の会に関しては支持率に大きな開きが出た。毎日は17％で自民党と並んでトップ，読売は13％で民主党と並んで２位につけたが，朝日は７％で３位だったのである（日本維新の会は東京都の石原慎太郎元知事率いる太陽の党と合流を発表していたため，２党をあわせた数字）。

　これほどの違いが出たのは，電話口での質問の仕方が大きな影響を与えたとみられている。毎日と読売は，質問の際，オペレーターが政党の名前を一つひとつ読み上げて，その中から選んでもらっていた。一方，朝日は政党の名前を読み上げなかったので，できたばかりの維新の会が頭に浮かばなかった人も多かったのだろう。

　実際，NHKの調査でも，政党名を読み上げない場合は「えーっと，橋下さんの党，何だったっけ」という人がいた。それでも，そういってもらえれば維新の会にカウントすることもできるが，思い浮かばないので何も答えないという人も少なくなかっただろう。また，維新の会はもともと大阪の地域政党だったため，衆議院選挙に候補者を出すことを知らなかった人がいる可能性も指摘された。

　朝日は，この調査で投票先の質問とは別に，どの政党に議席を伸ばしてほしいかという質問をしているが，これに関しては政党名を読み上げている。その結果は自民23％，維新20％，民主15％だったから，やはり読み上げたかどうかが大きく影響していたと考えられる。

　ちなみに共同も読み上げ方式をとっているが，日本維新の会に投票するという人は7.8％と，朝日と同じ３位だった。これにも理由がある。共同は政党名のほかに「まだ決めていない」という選択肢を読み上げていたのだ。この答えが43.0％と最も多かったので，できたばかりでまだ強い支持の少なかったであろう維新の会へ投票するという人が「まだ決めていない」に流れ，支持率が低めに出たとみられている。

この選挙で日本維新の会は54議席を獲得し，一気に衆議院の野党第2党に躍り出た。調査は，新しい政党に勢いのあるとき，それをきちんと把握できるよう設計しなければならない。NHK も，読み上げることでどんな影響があるのかについて何度か実験調査をした後，調査方法を読み上げ方式に変更した。

　政党名を読み上げる方式は調査に時間がかかる上，その政党に投票するという強い意思をもった人でなくても政党の名前を答える可能性が高くなるというデメリットもあるが，この経験から，維新の会のように，できたばかりの政党の勢いをとらえるために読み上げ方式が有効なことが証明されたのである。

●回答率減少が招く調査の信頼性低下

　2014年7月6日，朝日新聞の世論調査担当者にとってショッキングだったであろう結果が，紙面に掲載された。RDD 法の調査の説明で「世帯用と判明した番号は2227件，有効回答は1020人。回答率46％」と書かれていたのである。回答率が半分を切ってしまうのは，世論調査にとって非常事態なのだが，これ以降，朝日新聞では，RDD 法での回答率が50％を切る状態が続いた。NHK やほかの新聞社を見ると，回答率は60％程度あり，朝日の低さが際だった。

　この頃，朝日は従軍慰安婦の問題や福島第一原発の所長だった吉田昌郎氏のいわゆる「吉田証言」をめぐる問題で揺れていた。しかし，朝日の回答率が低いのは，これらの問題の影響よりも数字の扱い方にあったとみられている。朝日の RDD 調査は，分母が，ほかの社と違っていたのである。

　先述のように RDD 法ではコンピューターを使って電話番号をランダムにつくるが，つくった番号が家庭の電話につながるとは限らない。使われてない番号もあれば，会社で使っているもの，ファックス専用の番号もあるため，こうした番号をいろいろな方法で取り除く。

　そのひとつに，電話会社の交換機に対して自動的に電話をかける装置を使う方法がある。この装置は電話が鳴る前に切ることができるので，相手に迷惑をかけることなく，番号が使われているかどうかがわかる。さらに，電話帳で会社の番号とわかるようなものを取り除くなどして，ふるいにかけると，番号は

48　第1部　〈民意〉をよむ世論調査の方法と課題

◆コラム3　ダブルバーレルとキャリーオーバー

　世論調査では，質問の言い回しも問題になる。調査担当者は，あれも聞きたい，これも聞きたい，もしくは正確を期したいと考え，回答者が迷うような質問をつくってしまいがちである。たとえばNHKで健康に関する世論調査の質問を検討した際，次のような文案が提示されたことがあった。

「日本で年間7万人以上，交通事故の10倍以上が，心臓が原因の突然死によって亡くなっていることを知っていますか？」

　この質問文では「年間7万人以上」亡くなっていることを知っているかどうか問うているのか，「交通事故の10倍以上」亡くなっていることを知っているかどうか聞いているのかがわからない。

　こうした質問を「ダブルバーレル」という。ダブルバーレルは銃身が2つあり，2発の弾丸を同時に発射することができる銃のことで，これが転じて，「2つのことを一度に尋ねようとしているため混乱を招く質問」をいう。

　ほかにも「タバコは体に悪いのでやめるべきだと思いますか」と聞いたら，体に悪いとは思っているけどやめたくない人は答えられないだろうし，「この服のデザインと値段に満足していますか」と聞かれると，デザインはいいけれど値段が高いと思っている人や，デザインは好きではないけれど安いので満足という人は答えられない。

　また，「一般に日本人は……」と聞いたときと「あなたは……」と聞いたときでは，答え方が違う。あまり話したくないプライベートな質問は，自分のこととして聞かれるより「一般に」と客観的に聞かれた方が答えやすいことが知られている。さらに，人は肯定的な回答の方が否定的なものより答えやすいという傾向があるので，必ず「賛成ですか，反対ですか」と肯定・否定両方を入れた尋ね方をする必要がある。

　言い回しだけではなく，質問の順番も重要である。人は複数の選択肢を目で見たときには最初の選択肢を選ぶ傾向があり，逆にいくつもの選択肢を耳で聞いたときは最後の選択肢を選ぶ人が多くなることがわかっている。ある答えを多く得たいと調査の企画者が考えているとき，配付回収法や郵送法など，対象者が質問表を見て自分で記入する調査の場合は最初の選択肢に自分の望む答えを入れておけばよく，面接法や電話法など，調査員が対象者に質問して答えを書き取る調査の場合，自分の望む答えを最後にもってくればいいことになる。調査を読み解く

第1章　民意を測る世論調査　49

ときは選択肢の順番をチェックすることも重要なのである。

　また，順番でいえば，「キャリーオーバー」効果も問題になる。前の質問でもった印象が，後の質問に「持ち越し」され，回答が操作されてしまうことで，世論調査では禁じ手とされる。たとえば，政治に関する世論調査をする際，現在は，どのマスコミでも内閣支持率を最初に聞く。なぜなら，この政策はどう思うか，あの政策についてはどうかという質問を続けた後に支持率を聞くと，それらの政策が良い印象だった場合は必要以上に支持率が高くなり，悪い印象だった場合は必要以上に低い結果が出てしまいがちだからである。

　質問文の言い回しとキャリーオーバー効果を利用すれば，世論を導くことさえ可能だとされる。たとえば消費税の引き上げに賛成する世論をつくりたいと思えば，まず「日本の借金は1000兆円を超えました。あなたは日本の財政についてどう思いますか？」と聞いた後に，もう一問，「政府は消費税の使い道について，福祉に限定すると説明しています。これについて，あなたは賛成ですか，反対ですか？」と重ねる。

　このケースでは，最初の質問で莫大な借金を印象づけることによって，消費税を上げなければならないのではと思わせている。そこにたたみかけるように，賛成意見が増える傾向にある「福祉に使う」という文言を使った質問を重ね，キャリーオーバー効果を狙っている。世論調査を読み解く際は，一つひとつの質問文の与える影響だけでなく，並べる順番が結果に影響を及ぼしていないかどうかについても検討が必要なのである。

最初につくったものの数分の一程度になる。残った番号に実際に電話をかけて，家庭用でないものを調査対象から取り除いていく。

　朝日のRDD調査の分母である「世帯用と判明した番号」は，このような選別を経て家庭で使われているとわかった番号なのだ。しかし，実際にかけてみても，誰もいなければつながらないし，出てくれても，そこに調査対象となる有権者がいるとは限らない。このため，ほかの新聞やNHKでは，有権者がいるとわかった家庭を分母にしている。たとえば読売は紙面で「有権者在住が判明した1821世帯の中から1080人の有権者の回答を得た。回答率59％」などと掲載している。

RDD 調査の結果をホームページで詳細に公表している日経リサーチのデータを見ると，先ほどの朝日と同じ 7 月は回答率が68.3％となっているが，これも有権者がいると確認できた家庭が分母だ。日経リサーチは，有権者がいるかどうかわからない，つまり電話に出ても最初から調査を拒否した家庭の数も発表しているので，それを入れた番号にすると，回答率は52.4％にまで落ちる。ほかの月も60％を超えた回答率が記されているが，世帯用の番号全体で計算してみると50％を切る月もあるのが現実なのだ。

　このように，ほかの新聞でも，最初から拒否された家庭を分母に入れると，朝日とあまり変わらない数字になる可能性がある。朝日も2016年 7 月からは，新たに携帯電話を対象に加えたことをきっかけにしたのであろう，「有権者がいる世帯と判明した番号」を分母にとっている。

　ただ，分母の取り方ひとつを見てもわかるように，RDD 調査にはあいまいな部分が残されている。また，本来なら調査は有権者全体から無作為抽出をすべきなのだが，RDD 法では「電話をもつ有権者」しか選ぶことができない。このため，これまでの世論調査で培ってきた統計学の手法を本当に使っていいのかという根本的な疑問を投げかける専門家もいる。機動的で費用も安いRDD 調査が，こうした問題点を抱えているのも事実なのである。

　さらにいうと，RDD 調査の最大の弱点は若者をとらえきれない点にあるとされる。

　NHK の2016年の RDD 調査では，答えてくれた人のうち20代の比率が約 3 ％にとどまった。有権者の中で20代が占める割合は12％程度なので，大きな開きがある。回答は60代以上が半数を超えており，RDD 調査では高齢者の意見が強く出ると指摘されている。

　このような結果になる理由を検証するため，さらに詳しく RDD 調査の方法をみていこう。

　RDD 法では，通常，オペレーターをひとつの部屋に集めて，コンピューター画面から直接ダイヤルする装置で電話をかけ，画面に表示されている質問文を読み上げて，相手の答えを入力していく。2016年まで，発生させる電話番号は

固定電話のみだった。この中で，電話を取ってくれた家庭を調査するわけだが，電話に出た人にそのまま質問するのではない。最初に出るのは主婦が多いし，電話をとったのが子どもだった場合，そもそも調査対象にならないからである。そこで，まず，その家庭に調査対象となる年齢の人が何人いるかを聞き，人数をコンピューターに打ち込むと無作為に何番という数字が出るようにプログラムをつくっている。たとえば4人なら4と打ち込めば，1から4までの数字がランダムに出てくるので，その数字で対象者を決め，「では，年齢が上から○番目の方にお答えいただきたいのですが……」とお願いする。対象となる人が家にいない場合はかけ直す。

　調査は遅くとも夜10時までには終わらせなければならないが，若い人は帰宅が遅いので，なかなかつかまらない。また，調査は通常，家にいる人が多い金曜日の夜から日曜日の夜にかけて実施するが，若い世代は週末，外出しているケースも少なくない。

　さらに問題になるのは，若い世代を中心に携帯電話しかもっていない人が増えていることである。

　アメリカでも，RDD法の対象は，当初，固定電話のみだったが，携帯電話しかもたない人が徐々に増加し，2015年には成人の半数近くに達した。このため，携帯電話も対象に含めた調査が増えている。アメリカでは，携帯電話が特有の090といった番号ではなく，固定電話と同じ市外局番からの番号になっているため，地域限定の調査でも使いやすかったことが普及に拍車をかけたと考えられる。

　日本でも，読売新聞が2016年5月から，朝日新聞が7月から携帯電話を対象に含めるようになった。NHKも12月から携帯電話を含めた調査に移行した。その結果，携帯電話しかもっていない人や外出している人の回答が得られるようになっただけでなく，若い人達からの回答が多く得られるようになった。このため，対象となった人たちの構成は国勢調査に近づいたという（萩原 2017）。

52　第1部　〈民意〉をよむ世論調査の方法と課題

●本当の民意を知る？　討論型世論調査

　世論調査については，集めているのが“民意（public opinion）”ではなく，“気分（popular sentiments）”だという批判が絶えない。それを実証する研究に，アメリカの有力紙ワシントン・ポストが行った調査がある。「1975年公共法」の施行20周年にあたって，これを廃止した方がいいかどうかを聞いたもので，半数が「わからない」と答えたという。一般的には，半数もの人が分からないと回答する調査は失格だろうが，この調査では当たり前の結果だった。なぜなら，こんな法律は元々なかったからだ。これは，世論調査で，人がいかに反射的に質問に答えてしまうのかを物語る実験として有名である（Bishop 2005）。

　こうした世論調査の限界を破り，うわべの意見ではなく，真の民意を集めようという試みも行われている。

　「討論型世論調査（Deliberative Poll）」と呼ばれる方法で，国民が十分な情報を得て討論した上で生み出される民意を測ろうとスタンフォード大学で開発された。この方法では，まず設定されたテーマについて一般的な世論調査を行い，その回答者から数日間の討論に参加してくれる人を募って会場に集まってもらう。そして，10人から15人程度の小グループに分かれて，専門家の意見を聞いたり疑問に思う部分を質問したりしながら討論を繰り返す。その後，最終的なアンケートに答えてもらい，討論前から意見が変わったかどうか，また，どう変化したかを比較する（図表5）。

　アメリカの公共放送である PBS がシリーズで番組をつくるなどメディアとの親和性も高い。しかし，参加者の交通や宿泊の手配から専門家の選定まで何段階ものハードルをクリアするには膨大なコストがかかり，番組制作費用が1億円を超えるなど，頻繁な開催は難しいのが問題とされる（米倉 2006）。

　討論型世論調査を日本で有名にしたのは，2012年8月に当時の民主党政権が実施した「エネルギー・環境の選択肢に関する討論型世論調査」である。東日本大震災に伴う東京電力福島第一原子力発電所の事故から1年半経った時期に行われたこの調査は，政府が政策の決定に活用するために実施したという点で，世界でも初めてのものだとされる。

第1章　民意を測る世論調査　53

図表5　討論型世論調査概念図

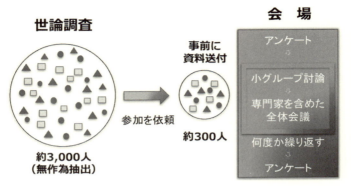

出典：筆者作成。

　しかし，この討論型世論調査は，実施後に大きな批判を浴びた。通常は1年から1年半かける準備期間がわずか1か月しかなかったこともあり，実施の方法から資料の検討まで，さまざまな点で不備が指摘されたのである。さらに，この結果が本当に政策に反映されたかどうかという点にも疑問がもたれた。当時の民主党政権は，討論型世論調査のほか，国民から意見を聞く聴取会などを開き，いずれも原発ゼロの意見が圧倒的に多かったにもかかわらず，経済界からの反対などもあって原発ゼロを閣議決定することはなかった。
　この年の12月に行われた衆議院選挙で，民主党は政権を追われたが，鳴り物入りで登場した討論型世論調査が日本で話題になることは，その後ほとんどなくなったのである。

● 岐路に立つ世論調査
　このように数々の問題が指摘される中で迎えた2016年，冒頭でふれたように，世論調査はイギリスで，そしてアメリカで，大きな失態を犯してしまったのだが，その背景には，電話調査の劣化があった。
　アメリカでは，電話調査に協力してくれた人の割合が2012年に10％を切ったという報告もあり，調査結果の信頼性が損なわれつつある。実際，世論調査の

◆コラム4　中間的選択肢

　世論調査の数字の裏には，ある種の"意図"が隠されていることがある。それを読み解くためには，さまざまなリテラシーを養う必要がある。その際に覚えておいてほしいのが「中間的選択肢」である。集団的自衛権を憲法の解釈によって承認しようという動きに関する世論調査を例に見ていこう。

　2014年5月12日，読売新聞は，この動きについて一面トップで《集団自衛権71％容認　本社世論調査　「限定」支持は63％》と伝えた。その内訳は「全面的に使えるようにすべきだ」が8％，「必要最小限の範囲で使えるようにすべきだ」が63％であった。一方，「使えるようにする必要はない」は25％だった。

　この記事に先立つ4月29日，産経新聞が，一面で《行使容認》7割超》と伝えている。内訳は「全面的に使えるようにすべきだ」が7.3％，「必要最小限度で使えるようにすべきだ」が64.1％で，あわせて7割超が行使を容認し，「使えるようにすべきではない」は25.5％だった。

　一方，朝日新聞は，読売の記事が出る1か月あまり前の4月7日に，一面で《行使容認反対　63％　集団的自衛権　昨年より増加》と正反対の報道をしていた。答えの選択肢は2つで，「行使できない立場を維持する（ほうがよい）」が63％，「行使できるようにする（ほうがよい）」が29％だった。

　単純に読み比べると，日本国民は，わずか1か月の間に意見を正反対にしたようにみえるが，この結果には回答の選択肢の影響が大きい。朝日の選択肢は2者択一だったが，読売と産経は，若干文言が異なるものの「全面的に」「必要最小限」と賛成に関する選択肢が2つ，反対が1つで，賛成方向が多い。

　賛成と反対の間の選択肢は「中間的選択肢」と呼ばれる。中間的選択肢についての国際比較（林 1995）をみると，アメリカ・フランス・イギリス・旧西ドイツ・日本で調べた結果，日本人は中間的選択肢を選ぶ傾向の強いことが明らかになっている。逆にアメリカ人は，最も中間的選択肢を選ぶ人が少ない。さらにハワイの日系人はアメリカと日本の中間で，論文は中間的選択肢を選ぶ傾向は日本人の特性と結論づけている。また，NHK放送文化研究所の実験調査では，普段あまり考えないような抽象的な質問をされた場合，中間的選択肢を選ぶ傾向が強くなることが確認されている。

　こうしたことから，読売と産経の調査は，集団的自衛権の行使を「容認する」という賛成方向の中間的選択肢を用意したことで，そこに答えが集中し，容認派

第1章　民意を測る世論調査　55

が 7 割近くを占めたのではないかと推測される。

　ちなみに毎日新聞は 4 月21日に《集団的自衛権　行使「限定容認」44％　本社世論調査　「認めず」は38％》と報道した。毎日も 3 択で，「全面的に認めるべきだ」は12％だった。中間的選択肢を選んだ人が読売や産経より20％も少ないのは，毎日の選択肢が「限定的に」とフラットな表現だったのに対し，読売・産経では「必要最小限」と非常に小さく限定しているイメージがあるため，積極的に容認している人でなくても選びやすかったのではないかと考えられる。

　毎日が前月に行った調査は選択肢が賛成と反対の 2 択で，賛成が37％，反対が57％だった。また，翌 5 月の調査からは選択肢を 2 択に戻し，賛成が39％，反対が54％だったから，国民の意見自体はほとんど変わっていなかったことがわかる。実際，読売と産経は翌月も同じ選択肢で質問し，同様の結果が出ている。

　NHK も同じ時期に集団的自衛権に関する世論調査を実施したが，答えの選択肢は「憲法を改正して，行使を認めるべきだ」「これまでの政府の憲法解釈を変えて，行使を認めるべきだ」「これまでの政府の憲法解釈と同じく，行使を認めるべきでない」「集団的自衛権自体を，認めるべきでない」の 4 つとした。賛成と反対で意見が偏らないよう賛否の質問を同じ数にしたのである。この結果，賛成があわせて34％，反対があわせて41％で， 4 人にひとりは「わからない」と答えた。読売や産経の調査では，NHK の調査で「わからない」と答えたような人たちが，中間的選択肢に流れたことが考えられる。

　上智大学新聞学科の渡辺久哲教授は，世論調査の質問で避けたい言い回しとして，場合によっては／慎重に検討すれば／必要最小限の／〜しても仕方ない／事情があればの 5 つを挙げている。

　渡辺教授は「どんな理由があろうと，必要最小限という言い回しを入れたことは原則に反している。世論調査の信頼を失わせるもので，個人的には許されるべきではないと思う」と話す。

　世論調査は世論操作ではない。そう思われかねないような質問は厳に慎むべきなのである。

代名詞ともされるギャラップが行った2012年大統領選挙の電話調査の結果は，誤差が7.2％と大きく狂った（Silver 2012）。これを受けて，同社は2016年大統領選挙の調査から撤退した。

　電話調査の劣化が進む中，注目されているのがインターネットを使った調査

である。2014年には，ニューヨークタイムズとCBSテレビが，上院と下院の議員などを選ぶ中間選挙に「ユーガブ（YouGov）のネット調査を利用する」と発表した。2社は，伝統的な調査を重視するアメリカ世論調査学会の中心的なメンバーであっただけに，関係者に衝撃が走った。ネット調査について，学会は，インターネットを使っている人以外にはアプローチできない上，答えるのは調査会社に登録した"答えたい人たち"であることから，結果に科学的な裏付けがないとしてきたからである。

　ユーガブは，あらかじめネットで登録したモニターの中から，性別や年齢，地域に加え，支持政党や読んでいる新聞なども参考にして，回答してもらう人を選ぶ。いわば，確実に答えてくれる人の中から本来の調査対象に近い人たちを事前に選ぶ方法である。ユーガブは，直近の選挙結果を詳細に分析して常に事後の調整の仕方を見直していて，ネット調査でありながらインターネットにアクセスしない人も含めた結果を出せるとしている。実際，2014年，イギリスからの離脱をめぐるスコットランドの住民投票や数々の選挙で予測を的中させてきた。

　そのユーガブの調査結果が，イギリスのEU離脱に関する国民投票で外れたのである。ユーガブは投票当日，4700人を対象にネット調査を行った。その結果，離脱が48％，残留が52％で，接戦ではあるが，大方の予想通りEU残留派が勝利をおさめるとした。しかし，結果はまったく正反対だった。離脱が52％，残留が48％，イギリス国民はEU離脱を選択したのである。世論調査が宿命的にもつ誤差によって逆転した可能性もあるが，一般には予測を誤ったという印象が大きく残った。

　実は，イギリス国民の多くは，離脱という事態を予想していなかったのかもしれない。その証拠に直後のグーグルの検索ワードのトップは「EUを離脱することは何を意味する？」で，「EUとは何か？」が2位だった。当日までの世論調査をみて離脱派が勝つことはないと考えた人たちが，深く考えず，あえて批判票として離脱に投票した可能性がある。

　つづく世界的なイベント，2016年の大統領選挙でも，各社の世論調査による

第1章　民意を測る世論調査　57

予測が外れ，メディアや調査会社がお詫びする事態に陥った。各社は，女性初の大統領を目指す民主党のクリントンが勝利すると予測した。「メキシコとの国境に壁を作る」と主張し，数々の放言で混乱を招いた共和党のトランプの勝利を予測したところはほとんどなかったのである。しかし，第45代大統領に選ばれたのはトランプだった。

予測はなぜ誤ったのか？ アメリカ世論調査協会（American Association for Public Opinion Research：AAPOR）は，特別委員会を設置して検証した。委員会の報告書は，まず，この選挙がアメリカの世論調査にとって神経に触る出来事だったと書き始めている。そして，最終的な票数は，クリントンがトランプを全米で2.1ポイント，280万票あまり上回ったことからもわかるように，全米を対象にした世論調査は決して間違っていなかったどころか，歴史的に見ても正確だったとした。しかし，各州で選挙人の獲得を争うアメリカ大統領選挙では，基本的に勝者が選挙人を総取りする仕組みであるため，州ごとの世論調査が重要になる。その調査は資金力のない小さなメディアが行うことが多く，RDD調査に比べて正確さに難点はあるものの10分の1前後の費用ですむ自動音声による電話調査などに頼るケースが少なくなかったと指摘している。さらに報告書は，この選挙では低学歴層がトランプ支持に回ったことが大きなポイントだったが，自動音声による調査では学歴まで調べておらず，その動きをとらえられなかった可能性もあるとしている。

各社は，こうした各州の世論調査などをもとに，クリントンの勝利は71％から99％と予測していた。このため，全米での調査は正確だったにも関わらず，世論調査が失敗したという認識が広く行き渡ることになったのである。

電話調査の劣化が進み，インターネット調査も力不足の感がある中，電話とネットをあわせて使うミックス・モードが開発されるなど，アメリカを中心に各国でさまざまな方法が試行錯誤されている。しかし，決定打はないのが実状であり，世界的に注目された2つのイベントで信頼を失う形になった世論調査は，民意を測る道具として，今，重大な岐路に立たされている。

58　第1部　〈民意〉をよむ世論調査の方法と課題

※付記

読みやすさを重視し，漢字とかなづかいは現代のものに改めた。

1) ギャラップが調査したのは3000人ではなく，実際は30万人前後に上るのではないかという指摘もある。(西平重喜「世論をさがし求めて　陶片追放から選挙予測まで」2009年)

参考文献

American Association for Public Opinion Research, 2017, *An Evaluation of 2016 Election Polls In The United States*.

George F. Bishop, 2005, *The Illusion of Public Opinion: Fact and Artifact in American Public Opinion Polls*, Rowman & Littlefield Publishers, Inc.

Groves, Biemer, Lyberg, Massey, Nicholls Ⅱ, waksberg, 1988, *Telephone Survey Methodology*, Johon Wiley & Sons, Inc.

Groves, Kahn, 1979, *Surveys by telephone: A national comparison with personal interviews*, Academic Press.

萩原潤治，2017，「電話世論調査　固定電話に加え携帯電話も対象に──「社会と生活に関する意識・価値観」調査の結果から」『放送研究と調査』5月号，28-41.

林知己夫・林文，1995，「国民性の国際比較」『統計数理』第43巻1号，27-80.

毎日新聞社社史編纂委員会編，1952，『毎日新聞七十年』毎日新聞社.

松本正生，2003，『世論調査のゆくえ』中央公論新社.

Nate Silver, 2012, *Which Polls Fared Best (and Worst) in the 2012 Presidential Race*, FiveThirtyEight.
https://fivethirtyeight.com/features/which-polls-fared-best-and-worst-in-the-2012-presidential-race/

NHK放送文化研究所世論調査部　調査方式比較プロジェクト，2010，「世論調査における調査方式の比較研究──個人面接法，配付回収法，郵送法の2008年比較実験調査から」『NHK放送文化研究所年報』54，105-175.

日本新聞協会編，1950，『日本新聞年鑑』日本新聞協会.

佐藤卓己，2008，『輿論と世論』新潮社.

吉田潤，1994，「占領軍と日本の世論調査──ベネットのPOSR資料から」『NHK放送文化調査研究年報』39，163-190.

吉田洋一・西平重喜，1956，『世論調査』岩波書店.

米倉律，2006，「公共放送による「討論型世論調査」の試み──米・PBSが進める"By the People"プロジェクトを例として」『放送研究と調査』7月号，56-63.

第2章 ソーシャルメディア時代の 民意とその困難

西田　亮介

●問題の所在：社会学，民意，世論調査

　民意とは何か，民意をいかにして計測し，それをいったい何のために，誰のために，どのような方法で「役立てるのか」ということは長く政治的，社会的課題であり続けてきた。社会学は「民意」について，もっぱら世論（Public Opinion/Popular Sentiments）研究を蓄積させてきたが，ときには否定や懐疑を示すような議論も存在した。たとえば「観察可能な民意」，つまり世論調査によって析出された人々の認識等の特徴や傾向について，社会学者ピエール・ブルデュー（Pierre Bourdieu）は「世論なんてない」という短い論説のなかで，少なく見積もっても世論について3つの条件が暗黙に前提にされているからだと指摘する。意見形成の自明性（誰でも特定の出来事について容易に意見を形成するということ），意見の等価性（誰の意見も等価に機能するということ），多様な属性をもつ人に対する同一の質問形式である（Bourdieu 1980＝1991）。このように社会学では「民意とは何か」「観察可能な民意とは何か」という問いでさえ論争的性質を帯びるが，ここではさしあたり世論と民意をほぼ等価なものとして捉える社会学者遠藤薫の「意図的社会変動，とくに『政策』とその社会に生きる人びとを接続する」という世論の機能に注目した定義を採用しながら以下，ソーシャルメディアが一般化しつつある現代社会における民意をめぐる状況についての検討を進めていくことにしたい（遠藤 2016）。

60

周知のとおり政府，マスコミ，最近ではIT各社等も民意を本書でも紹介されるような新旧さまざまな方法を駆使して測定しようとしている。20世紀に入ってから統計的，科学的手法の発達と普及が民意の測定を促し，数多くの世論調査が実施されるようになった。少なくとも「観察可能な民意」の数は格段に増加し，真偽はさておくとして「これが民意だ」と称するデータをしばしば目にするようになっている。日本においては，世論調査は第二次世界大戦後になって本格実施されるようになったようだ。朝日新聞社世論調査センターで1990年代から2000年代にかけて世論調査を担当した吉田貴文は，日本で初めて全国規模の国政選挙に関する情勢調査が行われたのは1955年2月の衆議院総選挙で，朝日新聞社によるものであったと指摘する（吉田 2008）。吉田によれば，その後，1962年参議院選挙から毎日新聞社が，翌63年の衆議院総選挙から読売新聞社も実施するようになったという[1]。現在では政府，報道各社，企業，大学等，多くの主体が「民意」を捉え，ビジネスや研究をはじめ多角的に活用しようとしている。すでに1963年には500以上の世論調査が実施されていたという（西平 1992）。内閣府の『平成28年版 全国世論調査の現況』には，少なくとも2015（平成27）年度に637の世論調査実施主体と，1901の世論調査が存在したことが記されている。

　よく知られているように，現在では統計技術と各実施主体の工夫，また日本式の過剰なまでで精緻さに対する要求を通じて，その精度も相当程度向上した。その象徴でもあり，頻繁に我々も目撃するのが，マスコミ各社が実施する選挙情勢調査と，出口調査も加味した投開票日当日の選挙報道だ。通常の世論調査の場合，我々はよほどその分野の専門家でもない限りはその妥当性を確かめる機会をほとんどといってよいほどもたないが，これらは例外といえる。両者の結果は開票後，すぐさまその妥当性が如実に明らかになるからである。

　日本の場合，20時で投開票が締め切られると同時に，各社の選挙特番で特定候補者の「当選確実」と各政党の獲得議席状況が報じられ，その様子を目にすることになる。選挙はかなり短い期間において「予測の答え合わせ」が可能な現象なのだ。また選挙は長く政治報道の花形とされている。報道各社が情勢報

道を競い，そして有権者と生活者はその報道を横並びに比較して眼差すことができるからでもある。畢竟，報道競争は激化し，技術革新と組織内における知見の蓄積も進んだことで，精度も他国ではあまり類を見ないほどに向上した[2]。固定電話の普及率，継続的な実施，主な実施主体である新聞社とテレビ局の社会的信頼や支局網を通じた実行力なども寄与したものといえる。

　2010年代も終わりに差し掛かった現在，「ソーシャルメディアの時代」などと形容されるほどに，ソーシャルメディアの普及と利用が進んでいる。長く続いたテレビと新聞が主要な情報の入手源だった時代から，人々があらゆる情報を手元のスマートフォンから得られる情報環境へと変貌を遂げようとしている。2000年頃から提唱される日本の電子政府政策は遅々として進まないが，それでも2011年の東日本大震災を契機として，新技術の活用に保守的な日本の政府機関や公的機関，NHK を始めとする報道機関も，当時普及期にあったソーシャルメディアを活用した情報発信に注力するようになった（遠藤・西田・関谷2011）。震災によって，社会インフラが大きなダメージを受け，被災地を中心にスマートフォンと，スマートフォンでも閲覧可能な各種のソーシャルメディア以外に情報獲得手段の乏しい状況が生じた。福島第一原発事故もあり，人々の不安感情に付け込むかのようなデマとデマに準じる不確実な情報が流通し，「信頼できる情報」としての「公式情報」への需要が高まったこと，当時の民主党政権も事業仕分けにインターネットでの配信を活用するなど IT の活用に積極的であったことなどが理由として挙げられる。

　第1章でも言及されるとおり最近ではインターネットを用いた「世論調査」も始まっている。選挙情勢，より直接的な議席数の予測も例外ではない。従来の世論調査とは異なり，現在優先的地位にあるポータルサイトの検索量を反映させるといった，より直接的だが過程の見通しにくい方法を用いている。それでも後述するように，最近では精度を改善させ，社会的にも注目されるようになってきた。

　本章では，このような問題意識と状況認識のもと，主にソーシャルメディアが普及した2010年以後の日本を中心に「民意」と政治の関係に注目する。その

62　第1部　〈民意〉をよむ世論調査の方法と課題

なかでも，ソーシャルメディアを活用した「民意」への政治からの介入を取り上げる。また日本の事例として，長く政権与党の地位にある自民党が，2013年の公職選挙法の改正による日本におけるインターネット選挙運動の解禁に備えて設置した「トゥルース・チーム」の事例等を簡潔に紹介する。これらを踏まえながら，ソーシャルメディアの普及がもたらした政治と社会の緊張関係の変化（激化）の具体像を論じ，眼前の課題を改めて認識することが本章の目的である。

●ソーシャルメディアの普及状況と介入事例，その学術的評価

インターネットとソーシャルメディアの普及，そして情報環境における存在感の拡大は世界各国で見られる状況である。スマートフォンという相対的に安価で（最近は高級機も登場しているが），また個人や家庭レベルでの大規模なインフラ投資を必要としないデバイスの普及も一役買っている。インターネット，なかでも容量の大きなブロードバンドや高速接続可能なモバイル回線の普及が遅れていた日本でもこの間普及が進み，日本の情報環境も大きく変わろうとしている。総務省の『平成29年版 情報通信白書』によれば，2000年代以後，インターネットの人口普及率，利用者数は微増のトレンドにあり，普及率は過去10年でおよそ10ポイントの上昇を見せ83.5％に，利用者人口はおよそ1億人に至った（図表1）。大きく変化しているのは，情報通信端末の世帯保有率の推移である。2010年の調査からスマートフォンの項目が設けられた。以来，スマートフォンの世帯保有率は急伸する一方で，対象的に固定電話とパソコンの世帯保有率は低下のトレンドにある（図表2）。

スマートフォンと従来型のフィーチャーフォンの差異は，利用可能なソフトウェア（アプリ）の多様性であり，なかでも情報発信をも可能にするソーシャルメディアの存在は看過できない。即時性，伝播性，相互浸透性などのこれまでのメディアでは見られなかった新しい特性を兼ね備えているからだ（遠藤・西田・関谷 2011）。

総務省が発行する『平成29年版 情報通信白書』は，代表的なソーシャルメディ

図表1　インターネットの利用者及び人口普及率の推移

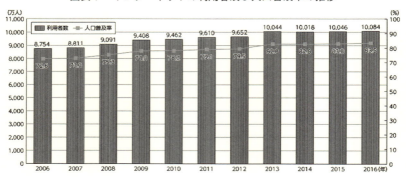

出典：総務省「インターネットの利用者数及び人口普及率の推移」『平成29年版 情報通信白書』。

図表2　情報通信端末の世帯の保有率の推移

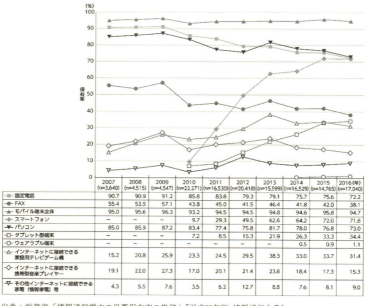

	2007 (n=3,640)	2008 (n=4,515)	2009 (n=4,547)	2010 (n=22,271)	2011 (n=16,530)	2012 (n=20,418)	2013 (n=15,599)	2014 (n=16,529)	2015 (n=14,765)	2016(年) (n=17,040)
固定電話	90.7	90.9	91.2	85.8	83.8	79.3	79.1	75.7	75.6	72.2
FAX	55.4	53.5	57.1	43.8	45.0	41.5	46.4	41.8	42.0	38.1
モバイル端末全体	95.0	95.6	96.3	93.2	94.5	94.5	94.8	94.6	95.8	94.7
スマートフォン	－	－	－	9.7	29.3	49.5	62.6	64.2	72.0	71.8
パソコン	85.0	85.9	87.2	83.4	77.4	75.8	81.7	78.0	76.8	73.0
タブレット型端末	－	－	－	7.2	8.5	15.3	21.9	26.3	33.3	34.4
ウェアラブル端末	－	－	－	－	－	－	－	0.5	0.9	1.1
インターネットに接続できる 家庭用テレビゲーム機	15.2	20.8	25.9	23.3	24.5	29.5	38.3	33.0	33.7	31.4
インターネットに接続できる 携帯型音楽プレイヤー	19.1	22.0	27.3	17.0	20.1	21.4	23.8	18.4	17.3	15.3
その他インターネットに接続できる 家電（情報家電）等	4.3	5.5	7.6	3.5	6.2	12.7	8.8	7.6	8.1	9.0

出典：総務省「情報通信端末の世帯保有率の推移」『平成29年版 情報通信白書』。

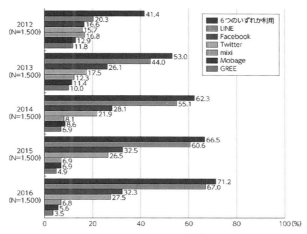

図表3　代表的SNSの利用率の推移（全体）

出典：総務省「代表的SNSの利用率の推移（全体）」『平成29年版 情報通信白書』。

ア6種類の利用状況を調べており，2016年には71.2％の利用率が認められ，世代別に見ても若年世代を中心にしつつも幅広い世代が何らかのソーシャルメディアを利用していることを記している（総務省 2017）。

　普及状況に加えて，メディアに対する人々の信頼度も変容している。「受け手に対するメディアの影響」というとき，各メディアの（利用状況に準じる）普及状況と信頼状況（信頼感）が強く影響を与えると考えられる。日本においては新聞が「信頼できるメディア」として，テレビが「速報的なメディア」として互いにそれぞれの領域でも存在感をみせようとしつつも役割分担してきたが，ここにきてこうした関係性も変わろうとしているようだ。総務省の『平成28年版 情報通信白書』は最近の日本におけるインターネットメディアの相対的な信頼性の低さについて以下のように記している（図表5）。

　　我が国では，「いち早く世の中のできごとや動きを知る」で最もインターネットを利用すると回答した者が53.4％であるのに対し，「信頼できる情報を得る」で最も

図表4　代表的 SNS の利用率の推移（年代別）

10代

2012（N=139）
- 6つのいずれか利用: 54.7
- LINE: 38.8
- Facebook: 19.4
- Twitter: 26.6
- mixi: 26.6
- Mobage: 26.6
- GREE: 23.0

2013（N=139）
- 6つのいずれか利用: 74.1
- LINE: 70.5
- Facebook: 22.3
- Twitter: 39.6
- mixi: 8.6
- Mobage: 14.4
- GREE: 14.4

2014（N=140）
- 6つのいずれか利用: 78.6
- LINE: 77.9
- Facebook: 25.0
- Twitter: 49.3
- mixi: 3.6
- Mobage: 10.7
- GREE: 7.1

2015（N=139）
- 6つのいずれか利用: 81.3
- LINE: 77.0
- Facebook: 23.0
- Twitter: 63.3
- mixi: 7.9
- Mobage: 8.6
- GREE: 2.2

2016（N=140）
- 6つのいずれか利用: 81.4
- LINE: 79.3
- Facebook: 18.6
- Twitter: 61.4
- mixi: 2.9
- Mobage: 6.4
- GREE: 3.6

20代

2012（N=225）
- 6つのいずれか利用: 81.8
- LINE: 48.9
- Facebook: 44.4
- Twitter: 37.3
- mixi: 25.3
- Mobage: 48.4
- GREE: 22.7

2013（N=223）
- 6つのいずれか利用: 90.1
- LINE: 80.3
- Facebook: 57.0
- Twitter: 47.1
- mixi: 34.1
- Mobage: 16.6

2014（N=221）
- 6つのいずれか利用: 95.0
- LINE: 90.5
- Facebook: 61.1
- Twitter: 53.8
- mixi: 20.4
- Mobage: 19.0
- GREE: 12.2

2015（N=219）
- 6つのいずれか利用: 95.9
- LINE: 92.2
- Facebook: 61.6
- Twitter: 54.8
- mixi: 12.8
- Mobage: 11.4
- GREE: 8.7

2016（N=217）
- 6つのいずれか利用: 97.7
- LINE: 96.3
- Facebook: 54.8
- Twitter: 59.9
- mixi: 13.4
- Mobage: 9.2
- GREE: 6.9

30代

2012（N=296）
- 6つのいずれか利用: 58.8
- LINE: 29.1
- Facebook: 20.9
- Twitter: 14.9
- mixi: 20.3
- Mobage: 17.6
- GREE: 16.6

2013（N=286）
- 6つのいずれか利用: 77.6
- LINE: 65.4
- Facebook: 42.0
- Twitter: 13.3
- mixi: 19.2
- Mobage: 16.4
- GREE: 16.4

2014（N=281）
- 6つのいずれか利用: 82.6
- LINE: 69.8
- Facebook: 39.9
- Twitter: 21.4
- mixi: 13.2
- Mobage: 12.5
- GREE: 9.6

2015（N=275）
- 6つのいずれか利用: 85.1
- LINE: 77.8
- Facebook: 50.9
- Twitter: 28.0
- mixi: 14.2
- Mobage: 11.3
- GREE: 9.8

2016（N=267）
- 6つのいずれか利用: 92.1
- LINE: 90.3
- Facebook: 51.7
- Twitter: 30.0
- mixi: 9.4
- Mobage: 9.7
- GREE: 4.5

40代

2012（N=278）
- 6つのいずれか利用: 37.1
- LINE: 11.5
- Facebook: 11.9
- Twitter: 12.9
- mixi: 9.7
- Mobage: 10.1
- GREE: 10.8

2013（N=296）
- 6つのいずれか利用: 55.1
- LINE: 42.6
- Facebook: 12.5
- Twitter: 9.8
- mixi: 13.9
- Mobage: 11.8

2014（N=303）
- 6つのいずれか利用: 70.3
- LINE: 63.4
- Facebook: 23.8
- Twitter: 14.9
- mixi: 6.3
- Mobage: 8.6
- GREE: 7.3

2015（N=310）
- 6つのいずれか利用: 81.6
- LINE: 74.5
- Facebook: 21.9
- Twitter: 33.5
- mixi: 7.7
- Mobage: 8.1
- GREE: 3.5

2016（N=313）
- 6つのいずれか利用: 78.3
- LINE: 74.1
- Facebook: 20.8
- Twitter: 34.5
- mixi: 4.8
- Mobage: 3.2

50代

2012（N=262）
- 6つのいずれか利用: 20.6
- LINE: 5.7
- Facebook: 6.1
- Twitter: 8.4
- mixi: 4.2
- Mobage: 5.0
- GREE: 2.7

2013（N=256）
- 6つのいずれか利用: 30.5
- LINE: 22.3
- Facebook: 15.2
- Twitter: 7.0
- mixi: 2.7
- GREE: 3.5

2014（N=255）
- 6つのいずれか利用: 45.9
- LINE: 37.3
- Facebook: 19.6
- Twitter: 10.6
- mixi: 3.1
- Mobage: 2.0
- GREE: 3.9

2015（N=257）
- 6つのいずれか利用: 49.4
- LINE: 42.8
- Facebook: 18.7
- Twitter: 11.7
- mixi: 2.2
- GREE: 3.9

2016（N=260）
- 6つのいずれか利用: 60.8
- LINE: 53.8
- Facebook: 23.5
- Twitter: 14.2
- mixi: 5.8
- GREE: 2.7

60代

2012（N=300）
- 6つのいずれか利用: 10.0
- LINE: 3.7
- Facebook: 4.3
- Twitter: 2.3
- GREE: 2.7

2013（N=300）
- 6つのいずれか利用: 9.3
- LINE: 4.3
- Facebook: 3.0
- Twitter: 1.0
- mixi: 1.0
- GREE: 0.7

2014（N=300）
- 6つのいずれか利用: 17.3
- LINE: 11.3
- Facebook: 6.0
- Twitter: 2.7
- mixi: 2.3
- GREE: 2.3

2015（N=300）
- 6つのいずれか利用: 20.3
- LINE: 15.0
- Facebook: 9.3
- Twitter: 4.7
- mixi: 1.0
- Mobage: 1.0
- GREE: 1.0

2016（N=303）
- 6つのいずれか利用: 30.7
- LINE: 23.8
- Facebook: 10.6
- Twitter: 4.6
- mixi: 1.0
- Mobage: 1.0
- GREE: 1.0

凡例：■ 6つのいずれか利用　LINE　■ Facebook　Twitter　■ mixi　■ Mobage　GREE

出典：総務省「代表的 SNS の利用率の推移（年代別）」『平成29年版 情報通信白書』。

図表5　最も利用するメディアの各国比較

出典：「最も利用するメディアの各国比較」総務省『平成28年版 情報通信白書』。

第2章　ソーシャルメディア時代の民意とその困難　67

インターネットを利用すると回答した者は29.0％となり，対照的にテレビを最も利用する者が40.5％，新聞を最も利用する者が21.2％となっている。（総務省 2016）

　日本の情報環境においてインタ―ネット，なかでもソーシャルメディアの存在感は年を経るごとに質量ともに増しており，いうならば「民意の下部構造」が変容しつつあるといえそうだ[3]。ただし，ここでいいたいのは，単にメディアの重心が既存のマスメディアからネットに移っているというような単純な移行の図式ではない。たとえば社会学者遠藤薫が「間メディア社会」という概念で指摘するように，メディア間の相互の影響関係と情報流通の相互依存性はますます深化し，両者の関係性は複雑性を増している（遠藤 2011）。それはたとえば現代のテレビ番組は「ネット発」の情報を目玉コンテンツにし，ネットでは「テレビで話題の」を標榜したコンテンツが注目されるといったものである。

　こうした変化に留意しつつも，政治のソーシャルメディアへの対応と動向を簡潔に概観してみたい。インターネットやソーシャルメディアの利用によって，当事者も意識しないうちに大量のデータが生成される。それらは「ビッグデータ」と呼ばれ，こうしたデータを活用したイノベーションへの期待が産官学各所で高まっている。米 Google の日本法人が発行する広報誌『g-SPHERE』の2015年1月号は，「データドリブンイノベーションが経済・社会に与えるインパクト」という特集を組んでいる。同誌はこの「データドリブンイノベーション」という概念を，「日々，生成されるデジタルデータを高速かつ高度に分析する技術が整ったことにより，データを経営資源や社会的な便益に生かそうとする動き」(p.3) と定義するが，日夜生成される大量のデータを分析し活用する技術が確立され，一般的に利用可能な技術とビジネスの環境が生まれつつある。

　データの活用という技術と市場のトレンドの影響を受けるかたちで，政治や選挙においても選挙情勢の予測，動員やプロモーション，日頃の政治活動への応用が近年模索され始めている。政治に関係するステイクホルダーのなかでは政党と政治家がもっともメディア環境の変化に適応しようとしている。民意の

あり方をさまざまな方法によって高い精度で予測し，それを踏まえて政治が民意に対して介入する兆しが国内外で観察され始めている。

　アナリストでブロガーのネイト・シルバー（Nate Silver）は定量的な分析を通じて，2008年，2010年のアメリカの大統領選挙の勝敗を高い精度で予測した（Silver 2012＝2013）。伝統的な世論調査とは異なったアプローチが注目された。日本でも最大手ポータルサイト Yahoo！JAPAN が2013年の参議院選挙以来，自社の検索データにもとづいて複数のモデルで議席予測を行い，こちらも高い精度をみせ話題を呼んだ[4]。同じく動画配信プラットフォームのニコニコ動画も2013年の参議院選挙から自社のユーザーアンケートシステム「ネット世論調査」を用いた当確予測を行い改選121議席中118議席が一致し，的中率が97.52％を記録したことは当時驚きをもって受け止められた[5]。

　民意への介入ということでいえば，なかでも言論の自由の観点から選挙運動に用いることができる媒体等（日本の公職選挙法でいうところの「文書図画」等）に関連する制約が乏しいアメリカにおいては，インターネットはその黎明期である1990年代からすでに選挙運動やキャンペーンの道具として用いられてきた。

　米大統領選挙とソーシャルメディアについていえば，2008年のオバマの大統領選挙が一躍注目を集めることになった。オバマのキャンペーンにおけるデジタル戦略に深く関与したラハフ・ハーフーシュ（Rahaf Harfoush）は当時用いたさまざまな戦略や技法を著書のなかで紹介している（Harfoush 2009＝2010）。そこで紹介される手法のひとつに近い属性や嗜好性，背景をもつ支持者同士を独自の SNS 内で結びつけて，コミュニケーションさせるというものがある。マーケティング業界で「マイクロターゲティング」などと呼ばれる手法に近いアプローチだ。潜在的に共通点をもつ，しかし場合によっては両者が認識していない支持者同士を SNS 内でコミュニケーションさせることで，両者の結束を固め，支持と忠誠心が増加するのだという。そしてサイバースペースで収集した個人情報を分析することで，「効果的」に人々が反応するテレビ広告を作成したことも紹介されている（そのテレビ広告は YouTube などで先行して流し，反応が評価され，次の広告作成に活かされる[6]）。

ビッグデータ活用の舞台裏に詳しいジャーナリストのスティーブン・ベイカー（Steven Baker）はサイバースペース上で収集可能な大量の変数の分析を通して，潜在的な支持者を発見する方法が確率しつつあることを紹介する（ベイカー 2015）。政治に対して確立された特定の意見や見解をもっていない，潜在的な支持層となる可能性を有する無党派層のなかから賛意を示す可能性の高い有権者を発見し，的確に訴求する方法が模索されているのだ。

　最近ではデファクト・スタンダードと化した SNS の仕様が投票行動や意思決定に影響を及ぼすことが懸念されている。たとえば Facebook 社の著名な実験が該当する。Facebook 社のエンジニアを含むチームが『Nature』誌の速報版（「LETTER」）に約6100万人を対象に2010年の連邦議会選挙で投票を促す比較実験を行い数百万人の規模で政治的自己実現や情報検索，投票行動に影響を与えたことを紹介している（Bond et al. 2012）。

　近年日本の各種世論調査は無党派層や特定の支持政党をもたない有権者が増加していることを示しているが，ソーシャルメディアや SNS を通じて無党派層を支持層に変化させるための方法が探求されている様子が伺える。

　選挙戦略の仕掛人を「スピンドクター」と呼ぶと，前述までの事例からソーシャルメディア時代の新たなスピンドクターの姿が垣間見える。もちろんスピンドクターの存在自体は目新しいものではない。政治家のスピーチはスピーチライターが執筆し，政党にせよ，行政にせよ，しかるべき広報部門が設置され必要性に応じて広報専門の企業や専門職の個人が関与してきた歴史があるが，その延長線上に位置付けられる存在である。選挙も例外ではない。政党と各選挙対策本部の双方で広報手法の開発の試行錯誤が行われている。日本の場合，伝統的に広告代理店がその役割を担ってきた。[7]破綻した英イングリッジ・アナリティカ社のスキャンダルは，Facebook の情報漏洩やロシアの介入，フェイクニュースの拡散ともあわさって，世界中の関心を集めた。

　すでに2000年代において現代のソーシャルメディアの前身にあたるブログ上の政治コミュニケーションを念頭に，情報化に詳しいアメリカの憲法学者キャス・サンスティーン（Cass Sunstein）はインターネットメディアのコミュニケー

ションは，しばしば同じ意見や属性の人物が集まって極化に至ると指摘した（Sunstein 2009）。

政治学者の平林紀子はアメリカの大統領選挙を対象にしながら民意を積極的に味方につける技術としての政治マーケティングがより高度化していることを指摘する（平林 2014）。平林は政治マーケティングの役割を肯定的なものと否定的なものの「両義的」なものにならざるを得ないと述べその「環境条件」を注視すべきと述べている。

ソーシャルメディアやデファクト・スタンダードとなった SNS の影響について，情報法を専門にするジョナサン・ジットレイン（Jonathan Zittrain）は「デジタル・ゲリマンダリング（digital gerrymandering）」という概念を提唱して規制の必要性とその難しさを提唱する（Zittrain 2014）。ゲリマンダリングとは選挙における恣意的な区割り等が特定の政治勢力に有利にはたらく状況のことをさすが，ジットレインはソーシャルメディアなどが普及した社会において，人々が意識しない／できない状況での介入が生じることに対して証明することの難しさと影響力の大きさに対して警鐘を鳴らし法規制の必要性に言及する。ジットレインはソーシャルメディアや SNS を介して有権者や生活者に対して政治的影響力を行使できることが検証されたのに（前述の Facebook 社の実験など，すでに部分的に実証されているにもかかわらず！），なぜ Facebook 社や CEO であるマーク・ザッカーバーグが考える「政治的な望ましいあり方」に対して，その候補者や政党を支持するべくその影響力が行使されていないと考えられるのだろうか，と問うのである。

●日本版ソーシャルメディア時代の組織型スピンドクター？：2013年参議院選挙における自民党トゥルース・チームを中心に

2013年の公職選挙法の改正によって日本でも広い範囲でインターネット選挙運動が選挙運動の手法として認められるようになった（西田 2013，岡本 2017）。2013年以前は選挙運動へのネットメディアの利用が認められていなかったこともあって，解禁を主張する政治家や候補者を含め押し並べて，インターネット

第 2 章　ソーシャルメディア時代の民意とその困難　71

◆コラム5　「民意」と民主主義の脆弱性

　民主主義を具体化した民主制の姿は多用だが，民主主義国家は非民主主義国家と比較すると，言論・表現の自由，情報流通の自由，選挙を通じた代表の選択など幾つかの固有の特徴を有している。これらは特徴であるのみならず，脆弱性でもある。というのも，これらの特徴を活用しながら，民主主義を毀損させることすら不可能ではないからだ。むろんナチスドイツの政権奪取過程を想起しても決して新しい問題などというわけではない。

　ただし国境を越えて活用され，デファクト・スタンダードとしての地位を確立させた SNS プラットフォームが複数登場し，それらを活用して他国の，とりわけ非民主主義国家が特定の意図をもって民主主義国の「民意」へ介入することで影響力を行使しようという介入の姿は新しい具体像であり，民主主義国家にとっての新たな脅威といえる。

　2016年米大統領選挙におけるフェイクニュースの流通やハッキング等，多角的なロシアの介入疑惑や，関連して Facebook 上で収集した個人のセンシティブ情報を不正流用して同米大統領選挙の選挙運動に関与したというケンブリッジ・アナリティカ社の疑惑等，枚挙に暇がない。

　学術的にもこうしたリスクに対する指摘が相次いでいる。本文中に述べたジョナサン・ジットレイン（Jonathan Zittrain）のデジタル・ゲリマンダリング概念しかり，その他にも全米民主主義基金（The National Endowment for Democracy）は「Sharp Power」という概念を提唱する（『SHARP POWER: RISING AUTHORITARIAN INFLUENCE』）。当該レポートでは主に中国とロシアに対する懸念が表明されている。

　懸念が正当なものかどうかは今後のより丁寧な検討が必要だが，少なくとも民主主義国家が幾つかのボトルネックをもち，近年の情報技術の進展のなかでそのボトルネックに対する新しい介入が可能になり，すでに我々がその危機にさらされているかもしれず，さらに民主主義という理念を擁護するがゆえに有効な対策が困難であるという問題の所在については広く共有される必要がある。

の選挙運動への利活用は消極的であった。だが前節までにごく簡潔に世界の近年の介入事例と評価を紹介したが，メディア環境の変化に日本の政治組織も適応しようと試み始めている。なかでも保守合同以来，長く政権与党としての地

72　第1部　〈民意〉をよむ世論調査の方法と課題

図表6　自民党と広報体制における「忖度」の連鎖

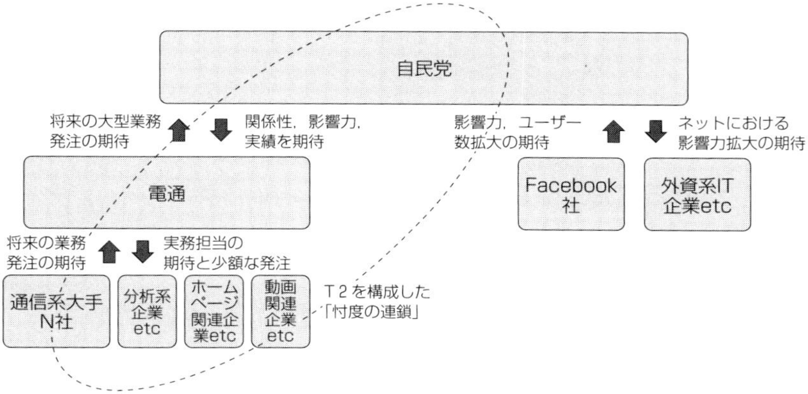

出典：西田亮介『メディアと自民党』（角川書店，2015年）から一部改変。

位にある自民党は顕著にそのような態度をみせている。蓄積された統治の知慧と政治技術，政治資金，政治資源が投入した新たな組織型スピンドクターとでもいうべき介入をみせている。

　最近ではその内実が明らかにされ始めている。当時自民党の広報戦略の策定に携わった小口日出彦はその意思決定や態勢，基本的な考え方を時代ごとのフェーズに区分しながら紹介する（小口 2016）。また拙著でも，自民党や取引企業等への調査等を通して，2013年のネット選挙対策チーム「トゥルース・チーム」等の概要を部分的に明らかにし，情報の分析，知見の抽出，選対へのアドバイスを繰り返す組織を構築していること，またその体制が市場における影響力や将来のビジネスチャンスなどを忖度しながら構築されていた可能性について指摘した（西田 2015）（図表6）。

　2013年に第二次安倍内閣が発足直後に手を付けた政策のひとつがネット選挙の解禁であり，将来の解禁を見越すかたちで2000年代冒頭から取り組んでいた自民党広報のIT化をさらに推し進めたのが「トゥルース・チーム」だった。

第2章　ソーシャルメディア時代の民意とその困難　73

各マスメディアとインターネット上——ソーシャルメディアを含む——コミュニケーションを総合的に分析し，そのデータを分析し必要な対策を明確にしたうえで，各陣営で活用できる知見（インサイト）を作り，実際に各選対本部までその知見をITとアナログ双方で届けるための組織だった。

　本来，政治システム内で競合することを通して政府与党に緊張感をもたらすべき存在であったはずの当時の民主党は2000年代を通して解禁を主張したはずのネット選挙解禁に際しても戦略的な体制を構築できなかった。2013年参院選ではその他の政党もネット選挙に取り組んだが場当たり的だったこともあり，この分野においても自民党の独壇場となった。「トゥルース・チーム」は解散したが，そこでの知見はその後も自民党広報に活かされている。

　最近になってようやく野党もこうした対策を本格化させている。たとえば2016年の秋に当時の衆議院主要5政党の広報等に対して調査を行い，自民党のみならず他の政党もそれぞれの政治的性質（地域政党か否か等）や資金等の制約なども考慮しながら，新たな情報発信の手法を導入し，さらに有効な手法を試行錯誤していることを指摘した（西田 2016）。キャラクターの活用，政党内イントラネットによる情報共有等，多様な新しい方法が試されているが，それでも組織的取組という点で自民党に一日の長があった。

　従来，公職選挙法や放送法等関連規制の影響によって，新しいメディアの選挙運動，政治活動への導入に，たとえばアメリカと比較して比較的消極的とされてきた日本の政治主体だが，ここまで簡潔に概観してきたように，最近になって政治から「民意」に介入する新しい手法を模索し，従来の情報発信の手法をさらに高度化させていく動きが活発化している様子が伺える。

●おわりに：有権者に軸足を置いた「民意」理解に向けた課題と展望

　本章において，世論調査や情勢調査，マスメディアの報道量等の分析，そしてインターネット，ソーシャルメディア上の情報の分析から，人々の「民意」が相当精緻に測定可能になるのみならず，インターネットやソーシャルメディアの技術特性を活かした新しい政治主体による介入が試行錯誤されている状況

を概観した。大規模なパネルデータなどのように一般の生活者からは不可視な
データを介して，政治と社会が対峙し，駆け引きさえ行われ始めている。いう
なれば，新たな「民意」を頼りにした政治が展開しようとしている。マックス・
ウェーバー（Max Weber）はかつて「『政治のために』生きる政治家」と「『政
治によって』生きる政治家」を区別した（Weber 1921＝2009）。ソーシャルメディ
アを含むメディアでの情報発信を通じて，民意に巧みに介入し「『政治によって』
生きる政治家」が生まれようとしているかのように見える。少なくとも政治は
それを可能にする戦略と戦術の開発に体系的に注力し始めている。

　評価は難しい。そもそも政治家や政党は自らの主張をわかりやすく有権者に
訴えかけることで支持を集め政治的影響力を獲得し，権力を行使することがで
き，またそれを存在理由としているといっても過言ではない。そのために「民
意」を精緻に把握し，ともすれば政治から関心をそらしてしまいがちな有権者
と社会の気を引きながらうまく政治的主張を展開すること自体は直ちに否定さ
れるべきとは思えない。

　ただしすでに言及したジットレインが主張するように，伝統的な選挙運動や
政治活動，メディア利用と比較して，個別にインターフェイスや視聴コンテン
ツがカスタマイズされることさえあるソーシャルメディアやSNSを用いた政
治の新たな介入はそもそも非合法な，もしくは不公正な介入が（大規模かつ組
織的に）行われている証拠を収集することからして困難である。こうした個別
性の論点については，選挙キャンペーンと絡めて情報法を専門にし，パブリッ
ク・アフェアーズや企業広報の実務に携わる工藤郁子は「ポピュリズムの精緻
化」と呼んでいる（工藤 2016）。

　すでに科学的には新しい介入が場合によっては超国家的な規模で投票行動や
意思決定に影響を及ぼす可能性も指摘されつつも，前述のジットレインが指摘
するように，とくにアメリカにおいては強く擁護される言論の自由の観点から，
一般に選挙運動の手法に対する規制の導入は困難にも思えてくる。[8]

　もうひとつ，メディア・リテラシーの問題がある。本章の主旨と外れるため
ここでは十分に論じることはできないが，現代の情報環境はいよいよ生活者に

情報の真偽に注意を促すメディア・リテラシーに代表される考え方を非現実的なものにしようとしているようにもみえる。メディア・リテラシーは介入に対抗した読解を情報の受け手に要請し，懐疑，比較，精査などを通して，目の前の情報に含まれる政治的，経済的（市場的）意図の読解を促すことで社会の不利益を回避しようとするものである。

　しかしメディアの重心がソーシャルメディアに移動するなかで，政治的主題に限らずその実行不可能性が明らかになりつつあるように思えるのだ。ソーシャルメディアが普及する以前の時代と比べて（静的コンテンツが中心だった時代のインターネットを含めて），我々の情報量と情報接触頻度が激増している。また「フェイクニュース」などとも呼ばれるが，インターネット上の情報源の意図的な誤謬さえ生じていることがある。このようななかで我々が日々目にするすべての（政治）情報を疑い，比較し，精査することなど到底できはしないだろう。

　「ポピュリズムの精緻化」に対抗するための実践的示唆はなかなか見えてこない。生活者と社会が対応できないのであれば，ひとつの鍵は権力監視を存在理由とするジャーナリズムの役割と刷新ではないかというのが筆者の認識である。政治が新たな情報環境に適応しようとしているのであれば，それと同等かそれ以上の能力をもつジャーナリズムが必要だろう。本書で展開されるさまざまな近年の「民意」計測技術の技術的改善や，新しいアプローチの試行錯誤はその萌芽ともいえるだろう。

　とはいえ，情報環境の変化の荒波は当然ジャーナリズムにも激変を引き起こしている。ビジネスモデルを中心に急な変化を要請している。日本の場合も例外ではあるまい。日本では長年の蓄積と関係性からマスメディアや紙メディアに権力監視の組織能力，人的能力は蓄積されてきた。情報環境の変化のなかでそれらが雲散霧消してしまわないうちに新しい形で継承し，情報の受け手に支持され，実際に利用者に届き，健全な政治情報と介入のデコーディングが行われるかどうかが問われている。

　もうひとつ規範の問題もあるように思われる。政治の本質は現代社会も

ウェーバーが生きた20世紀初頭も連続するはずだ。いうまでもなく，ウェーバーの「『政治のために』生きる政治家」と「『政治によって』生きる政治家」という区別は少なからず原理主義的な側面を含んでいる。現代政治が素直に耳を傾けるとは到底考えがたい。だからこそ，政治は介入の技法をこれほどまでに磨いているのだ。だが政治家，政党が有権者の信託を受けた代表的性格を有するという民主主義の規範的性質はそれほど変化していない。そうであるがゆえに，我々は政治，そして政治家に対して情報発信と介入の戦略と戦術を磨くことだけに注力するのではなく，また規制の有無にかかわらず，真摯に有権者と社会に対して向き合うべきだというやや青臭くも聞こえる規範を訴え，世論を新たな情報環境のもとで構築することもまた実践的には必要なように思われる。それは新旧のメディア，ジャーナリズムにとって重要な今日的な責務となるのではないか。

＊謝辞

　本稿は JSPS 科研費若手研究（B）「情報社会において競合する政治とジャーナリズムの学際的研究」（課題番号：16K16168）の成果のひとつです。記して感謝します。

1）　統計学者の西平重喜は，日本における現代的な世論調査の萌芽は1945年10月の毎日新聞社の「知事公選の方法について」や，1946年3月の朝日新聞社による「支持政党調査」などであると指摘している（西平 1992）。

2）　とはいえ，吉田が指摘するように，歴史的には1979年の衆議院総選挙や1998年参議院選挙のように情勢報道が大きく外すこともあった。吉田は試行錯誤と創意工夫によって，各社の情勢調査が安定したのは21世紀に入ってからのことであると指摘する（吉田 2008）。

3）　筆者の経験レベルの認識でいえば，おそらくテレビや新聞の制作現場も変容している。かつてテレビの報道番組や情報番組の制作過程では新聞を重要視していた。筆者はコメンテータなどを介して，テレビの制作現場を少なからず目にするが，今ではかつての新聞の地位はネットに置き換えられようとしている。確かに打ち合わせ現場にはいまも必ず複数の新聞がおかれているが，制作スタッフは少なからずインターネットやソーシャルメディアでの話題や特定の出来事に対する意見や論調の動向を確認している。あくまで経験的な印象に限られるが，それでもテレビの制作現場において，インターネットが登場する前とは異なる，ネットにおける「民意」が少なからず影響を与え，テレビのコードもまたかつてのテレビ番組とは異なったものへと変容しているように見受けられる。別途，検討が必要な課題と思われる。

4）　Yahoo! JAPAN「衆議院議員選挙と Yahoo!　検索の驚くべき関係」（https://searchblog.yahoo.co.jp/2012/12/yahoobigdata_senkyo.html）

5) ニコニコニュース編集部「ニコニコ動画の参院選「当確予測」が的中率97.52%ユーザーから驚愕の声」(http://www.huffingtonpost.jp/2013/07/23/niconico_election_n_3638539.html)

6) 2008年の大統領選挙から次の12年の大統領選挙のあいだにすでに述べてきたスマートフォンやソーシャルメディア，SNS の普及などが生じ，それに呼応するように手法も発展変化を遂げた。これらについてはたとえば政治学者渡辺将人の著作などが詳しい（渡辺 2016）。

7) ジャーナリストの田原総一朗はその著書『電通』において1950年代からの自民党と電通の関係を指摘する。日本の戦後再独立直後の総選挙における PR，安保改定のキャンペーンにおいても両者の深い関係が重要な役割を担ったことを指摘する（田原 1984）。2010年代の自民党と電通の関係，とくに2013年参院選における取組については拙著等参照のこと（西田 2015）。

8) ただし選挙運動を一般に制限し，選挙運動期間中に限って，特定の指定する形式での選挙運動を認める公職選挙法を有する日本の場合，ソーシャルメディアや SNS を介した政治的介入に対する制限は現行公職選挙法と比べて比較的整合性があるため，アメリカよりは受け入れられやすい可能性がある。

参考文献

Bourdieu, Pierre, 1980, *Questions de sociologie*, Editions de Minuit.（＝田原音和監訳，1991,『社会学の社会学』藤原書店.）

Bond, Robert M., Christopher J. Fariss, Jason J. Jones, Adam D. I. Kramer, Cameron Marlow, Jaime E. Settle and James H. Fowler, 2012, *A 61-million-person experiment in social influence and political mobilization*, NATURE, 489, 295-298.

ベイカー・スティーブン，2015,『ニューメラティ ビッグデータの開拓者たち』(伊藤文英訳) CCC メディアハウス.

遠藤薫，2011,『間メディア社会における〈世論〉と〈選挙〉――日米政権交代に見るメディア・ポリティクス』東京電機大学出版局.

―――, 2016,『ソーシャルメディアと〈世論〉形成 間メディアが世界を揺るがす』東京電機大学出版局.

遠藤薫・西田亮介・関谷直也，2011,「震災とメディア」『大震災後の社会学』講談社，273-306.

Harfoush, Rahaf, 2009, *Yes We Did: An Inside Look at How Social Media Built The Obama Brand*, New Riders Press.（＝2010, 杉浦茂樹・藤原朝子訳『「オバマ」のつくり方 怪物・ソーシャルメディアが世界を変える』阪急コミュニケーションズ.）

平林紀子，2014,『マーケティング・デモクラシー――世論と向き合う現代米国政治の戦略技術』春風社.

小口日出彦，2016,『情報参謀』講談社.

工藤郁子，2016,「キャンペーンと『イメージ政治』――ポピュリズムの精緻化に関する考察」『広報研究』20, 111-121.

内閣府，2016,『平成28年版全国世論調査の現況』.

西平重喜，1992,「日本の世論調査」『日本統計学会誌』21(3), 283-287.

西田亮介，2013,『ネット選挙 解禁がもたらす日本社会の変容』東洋経済新報社.

―――, 2015, 『メディアと自民党』角川書店.

―――, 2016, 「自前メディアの活用, 市民との協働……高度化した政治の情報発信の陥穽とは」『Journalism』28–34.

岡本哲和, 2017, 『日本のネット選挙――黎明期から18歳選挙権時代まで』法律文化社.

Silver, Nate, 2012, *The Signal and the Noise The Signal and the Noise: Why So Many Predictions Fail-but Some Don't*, Penguin Press. (＝川添節子訳, 2013, 『シグナル＆ノイズ 天才データアナリストの「予測学」』日経 BP 社.)

総務省, 2017, 『平成29年版 情報通信白書』.

―――, 2016, 『平成28年版 情報通信白書』.

Sunstein, Cass R., 2009, *Republic.com 2.0*, Princeton University Press.

田原総一朗, 1984, 『電通』朝日新聞出版.

吉田貴文, 2008, 『世論調査と政治 数字はどこまで信用できるのか』講談社.

渡辺将人, 2016, 『現代アメリカ選挙の変貌』名古屋大学出版会.

Weber, Max, 1921, *Politik als Beruf, Gesammelte politische schriften: Drei masken verlag.* (＝2009, 中山元訳『職業としての政治／職業としての学問』日経 BP 社.)

Zittrain, Jonathan, 2014, *Engineering an Election Digital gerrymandering poses a threat to democracy*, HARVARD LAW REVIEW FORUM, 127.

第2部

新たな世論調査から
みえてくる〈民意〉

第3章 「感情温度」が表すもの
——東京大学×朝日新聞社の世論調査から

三輪　洋文

●感情温度

　本章は，感情温度という尺度で測定した現代日本の民意の一端を紹介する試みである。本書第4章や第5章の取り組みとは異なり，感情温度という尺度自体は，マスコミの世論調査で使われることはないものの，研究者による世論調査では広く用いられており，決して新しいものではない。

　世論調査では，さまざまな対象について人々がどのような気持ちを抱いているか，どのように評価しているかが，さまざまな方法で測定される。たとえば，おなじみの政党支持の質問では，「あなたはどの政党を支持していますか」というように，「支持する」という言葉によって人々の政党に対する好き嫌いないし評価を測定しようとする。感情温度は，人々のさまざまな事物に対する気持ちを温度に喩えて答えてもらう尺度である。日本語では次のような質問文が用いられる。

　　あなたは，次のXXXXに対し，好意的な気持ちを持っていますか，それとも反感を持っていますか。好意も反感も持たないときは，下の「感情温度計」で50度としてください。好意的な気持ちがあれば，その強さに応じて51度から100度，また，反感を感じていれば，49度から0度のどこかの数字で答えてください。

これは本章で取り上げる調査（詳細は後述）で実際に用いられた質問文である。

図表1　感情温度計のイラスト

出典：筆者作成。

電話調査でない調査では、回答者のイメージを喚起するために、図表1のような温度計のイラストが示されることが多い（上の質問文中に「下の」とあるのは、調査票の質問文の下に温度計のイラストが配置されていたためである）。

　感情温度の質問が最初に導入されたのは、1964年のアメリカ全国選挙調査である。それ以降50年以上にわたって、感情温度の質問は国内外の学術的世論調査で広く採用され続けている。日本に輸入されたのは、おそらく1976年の綿貫譲治らによる調査のときであり、その後も研究者の手による世論調査では定番の質問となっている。政治学以外では、健康科学の分野で回答者の健康状態や生活の質を調べるためにも用いられている。

　代表的な評価対象は、国政政党やそのリーダー（アメリカであれば大統領選挙候補者）である。しかし、アメリカ全国選挙調査では、政党や政治家だけでなく、さまざまな社会集団や公的機関も感情温度の評価対象とされている。たとえば、デモクラット、リパブリカン（それぞれ民主党支持者、共和党支持者を指すアメリカ独特の用語）、黒人、白人、ユダヤ人、ゲイ・レズビアン、大企業、労働組合、中産階級、福祉に頼っている人々、連邦議会、連邦政府、などである。日本でも、輸入当初の調査は社会集団を評価対象とする質問を設けていたが、近年の調査はほぼ専ら政党や党首に対する好悪を尋ねる目的で感情温度の質問を採用している。

　世論調査で賛否や評価の程度を尋ねる場合には、3～7個の選択肢を設けたり、10または11個の数字が並んだスケールを用意したりすることが多いが、感情温度は0から100の整数から選ばせることになっている。この慣行は、発祥の地であるアメリカで、温度の単位として華氏が使用されていることに由来するものと思われる[1]。すなわち、華氏0度は摂氏−17.8度、華氏100度は摂氏37.8度であり、0から100の数字によってアメリカにおいて通常ありうる気温の範囲をカバーしているのである。したがって、感情温度の温度としての比喩を重

視するのであれば，摂氏が使用される日本において0から100のスケールを採用するのは不適切であるといえる。しかし，伝統的にアメリカ以外の国でも0から100のスケールが採用されていること，仮に−20から40などと摂氏のスケールに変換して尋ねたところでかえってわかりにくいこと，テストの評点を連想させる0から100のスケールは日本人にとっても馴染みやすいと思われることから，あえてスケールを変える必要はないだろう。

● 調査の概要

　2013年7月21日に行われた参議院議員通常選挙の後の1か月ほどの期間，東京大学谷口将紀研究室と朝日新聞は共同で世論調査を実施した（以下，この調査を2013年東大朝日世論調査と呼ぶ）。谷口研究室（かつては蒲島郁夫研究室も）と朝日新聞は，2003年から国政選挙前の政治家調査と選挙後の世論調査を継続的に実施しており，本調査もそのシリーズのひとつである[2]。2013年の世論調査は2012年衆院選後の世論調査から継続して行われたもので，調査対象者は2012年調査の回答者である。より詳しく説明すると，2012年調査は，全国の有権者から層化二段無作為抽出法で抽出された3000人を対象とし，1900人から有効回答を得た。2013年調査は，そのうち次回調査をあらかじめ拒否した人などを除いた1890人を対象とし，1547人から有効回答を得た。回収率は，2013年調査だけをみれば81.9%，2012年の対象者を基準にすると51.6%である。調査は自記式の郵送法で行われた。

　若者よりも高齢者の方が，政治関心の低い人よりも高い人の方が世論調査の協力率が高くなるなど，回収率が100%でない世論調査から得られるデータが母集団を必ずしも代表していないということはよく知られている。本章のデータは継続的な世論調査に2回協力していただけた人々のものであるため，本章の分析で得られる知見の一般化には通常以上の注意が必要であるということは，初めに指摘しておかなければならない。

　2013年東大朝日世論調査では，次の37の評価対象について，回答者に感情温度を答えてもらった。

政党
　　自民党，民主党，日本維新の会，公明党，みんなの党，共産党，生活の党，社民
　　党
党首
　　安倍晋三，海江田万里，石原慎太郎，橋下徹
機関・団体
　　国会議員，裁判所，警察，自衛隊，中央省庁の官僚，地方自治体の役所で働く公
　　務員，小中学校の教職員，大企業，労働組合，市民団体，マスコミ
政治的シンボル・用語
　　保守，革新，リベラル，右翼，左翼，自由，平等，改革，民主主義，資本主義，
　　社会主義，非武装中立，愛国心，イデオロギー

「マスコミ」については「朝日新聞に限らない業界全体についてお答えください」
という注意書きを付してあった。また，評価対象ごとに回答欄の括弧内に0か
ら100の数字を記入してもらう形式で回答してもらったが，政治的シンボル・
用語については，「言葉の意味がわからないときは，括弧内に『×』とお書き
ください」と指示した。本書を手に取るような政治関心の高い読者はいざ知ら
ず，平均的な有権者がこれらの言葉の意味を知らないのは不思議なことではな
いのであるが（たとえば，「リベラル」と「イデオロギー」の意味をわからないと答え
たのは，無回答の人を除いてそれぞれ27％，28％に上る），そのような回答者が適当
に回答する（特に感情温度の場合は50に回答が集中する）のを防ぐためである。本
章の分析では，回答欄に記入がない場合および×が記入されていた場合は無回
答として扱う。

● 世論の測定における感情温度の利点
　筆者は，学術目的でない世論調査でも感情温度がもっと積極的に使われてよ
いと考えている。感情温度の第1の長所は，従来の測定方法よりも多くの情報
を得られるという点にある。政党や党首に対する世論は，多くの場合「支持し
ますか」という質問によって測定される。それに対する回答は，「わからない」
や無回答を除けば，「支持する」と「支持しない」の2択である。世論調査に

対する回答のような個体ごとに異なる値をとる要素を統計学の用語で変数といい，支持する／支持しないのような有限個の選択肢のいずれかに当てはまるような変数を離散変数と呼ぶ。それに対して，感情温度のように連続的な値をとる変数を連続変数と呼ぶ。一般に，離散変数よりも連続変数の方が，得られる情報が多く正確である。厳密には，感情温度も 0 から100までの整数という101個の選択肢から選ぶという意味では離散変数であるし，25の倍数や10の倍数に回答が集中するため，事実上13個のカテゴリーをもつ離散変数とみることも可能である。それでも，離散変数の中で比べると，カテゴリーの数が多ければ多いほど情報も多くなるので，支持を尋ねるよりも感情温度を尋ねる方が情報の豊富さという点で望ましいことは変わらない。

　たとえば，4 つの党の党首 A ～ D の支持率を調査したところ，いずれも50％という値が出たとしよう。彼らについて感情温度を調査すると，同じ支持率50％であっても，そこからみえる世論の様態が大きく異なることがありうる。**図表 2** に 4 人の党首に対する感情温度の分布（説明のための架空のもの）をヒストグラムで示す。本章冒頭で紹介した質問文に従い，ある回答者のある党首に対する感情温度が50度以上（中立的または好感をもつ）であれば，その回答者はその党首に対する支持の質問で「支持する」を選ぶものとする。**図表 2** では，支持の質問をされたときに「支持する」を選ぶと想定される回答者を白い棒で，「支持しない」を選ぶと想定される回答者を灰色の棒で表している。説明をわかりやすくするため，ここでは感情温度の回答が10の倍数のみである場合を考える。

　A は支持層の好感度が非常に高く，非支持層にもそれほど嫌われていない。逆に，B は非支持層から激しい反感を買っており，支持層にも代わりがいないからというような理由で仕方なく支持されている様がうかがえる。感情温度の平均値をとると，A が60，B が35であり，大きな開きがある。しかしながら，2 択の質問で支持率を調査すると，同じ50％になってしまう。もちろんこれは説明のための極端な例であるが，連続変数である感情温度の方が，同じように「支持する（支持しない）」と答える人々の中での好感（反感）の程度をより鮮明

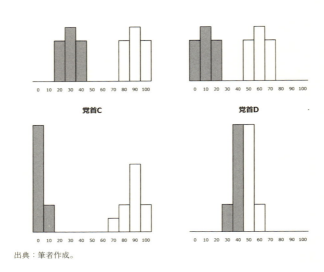

図表2　感情温度の分布の例

出典：筆者作成。

に捉えられるということがおわかりいただけるだろう。

　くわえて，分布の形状や散らばりの程度を知ることができるのも重要な長所である。CとDは，平均値で評価すれば45で同じであるが，Cは支持層から熱烈に好かれている一方で非支持層から徹底的に反感をもたれているのに対して，Dに対する感情には個人差がほとんどない。この場合，2人は同じ支持率であるといえども，世論に与えている影響力という点では圧倒的にCに軍配が上がるだろう。Dはよくいえば穏当なイメージを形成しているが，感情温度が50度に近いということは，単に人々の無関心を表しているだけである可能性がある。2択で尋ねられる支持の質問では，このようなバラツキを考えることができない（正確にいえば，分散というバラツキを表す統計量は定義されるものの，支持率が決まると分散も自動的に決まる）。

● 社会集団や政治的シンボルに対する感情温度

　第2に，より重要な長所として，マスコミ等の世論調査で支持を尋ねられることが一般的な政党や政治家以外の対象も，回答者に評価してもらうことができるという点を挙げることができる。すでに説明したように，2013年東大朝日世論調査では，さまざまな公的機関や社会集団，政治的な立場や思想を表すシンボル・用語に対する感情温度も測定している。民主主義や非武装中立などの制度や政策に類する事項はともかくとして，集団やシンボルについて「支持しますか」や「賛成ですか」などの質問を設けるのは不自然である。これらの対象についての世論を測定するための質問の仕方はさまざまなものが考えられるだろうが，好き嫌いの感情を統一的なワーディングで尋ねて比較できるということは，感情温度を用いる大きな利点となる。

　本章冒頭で述べたように，アメリカの学術調査では社会集団に対する感情温度が測定されているが，残念ながら日本ではそのような試みは一般的でない。日本の代表的な社会調査のデータアーカイブである東京大学社会科学研究所のSSJ データアーカイブにデータが寄託されている調査から探すと，早稲田大学の研究チームによる「21世紀日本人の社会・政治意識に関する調査（GLOPE）」の2007年調査が，億万長者，中流階級の人々，ニート，ホームレスに対する感情温度を測定している。それ以外に，1990年代以降の調査で社会集団に対する感情温度を測定した例は見当たらない。アメリカでは人種など社会集団間の紛争が大きな社会問題となっているのに対して，日本では集団間紛争が（少なくとも一般社会においては）それほど注目されていないということも影響しているのかもしれない。しかし，アメリカにおいて継続的に測定されてきた感情温度がアメリカ社会の変化を捉えることに貢献しているように，日本でも社会集団間の連帯やマイノリティに対する寛容度を測定するという感情温度の機能がもっと注目されるべきである。

　例として，アメリカ全国選挙調査のデータを使って，アメリカ社会における同性愛者に対する視線の変化を見てみよう。アメリカ全国選挙調査において，ゲイ・レズビアンに対する感情温度の質問は1984年から継続的に採用されてい

図表3　アメリカにおけるゲイ・レズビアンに対する感情温度の平均値の推移

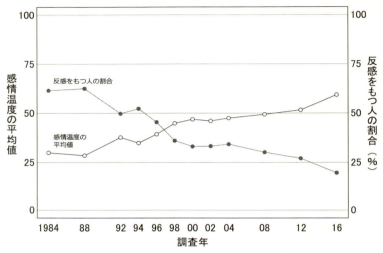

出典：ANES Time Series Cumulative Data File と ANES 2016 Time Series Study のデータ（http://www.electionstudies.org/）をもとに筆者作成。

る。図表3は，感情温度の平均値の点推定値を白抜きの点（左目盛），感情温度が49度以下の人，すなわち同性愛者に対して反感をもつ人の割合を灰色の点（右目盛）で示したものである。1980年代には反感をもつ人が60％を超え，平均値は30を下回っていたのが，1990年代に入って急激に好感度が改善したことがわかる。2000年代に入ってからは安定して推移したが，2012年から16年にかけてさらに同性愛者に対する好感度が向上した。2016年の変化は，同性婚を禁止する州法を違憲とした2015年の連邦最高裁の判決に影響されたものだと考えられる。今日の日本でも，同性愛者のみならず，在日外国人や障碍者などのマイノリティに対する差別・偏見が問題になっているが，人々が彼らをどのようにみているのかを感情温度で測定することには，大きな意味があると思われる。

　2013年東大朝日世論調査の大きな特徴は，政治的なシンボルや用語に対する感情温度を尋ねているところにある。これは，部分的にはアメリカ全国選挙調査が「リベラル」と「保守」に対する感情温度を尋ねているのに倣ったもので

ある。政治的なシンボルや用語に対する感情温度を測定することで，人々がそれらに対してどのようなイメージを抱いているかがわかるだけでなく，後にみるように，他の感情温度のデータと併せて分析することで，人々がそれらの言葉をどのように理解しているかという点についても示唆を得ることができる。

● 感情温度が意味するもの

　感情温度を初めて知る読者は，次の２つの疑念を抱くかもしれない。第１に，このような曖昧な質問で何か意味のあるものを測定できているのか，という批判がありうる。第２に，漠然とした好き嫌いよりも，もっと具体的な意見や態度を尋ねるべきではないか，という考え方もありうる。

　第１の点については，先行研究の蓄積により，感情温度が他のさまざまな政治意識や政治行動と強く結びついていることが明らかになっている。たとえば，谷口将紀の研究によれば，各個人内で主要政党のうち最も感情温度が高い政党と国政選挙で実際に投票した政党が一致する人の割合は非常に高く，選挙区と比例区ともに一致する人は65％程度，少なくとも１票が一致する人は８割以上に上る（谷口 2012）。図表３で2012年から16年の変化が連邦最高裁判決に反応しているようにみえることから，政党以外の評価対象への感情温度についても，現実政治に関連した有権者意識の変化を捉えられていることが示唆される。また，加藤淳子らによる脳神経科学の方法を用いた政治学研究によって，感情温度の変化が感情や情動に関わる脳の領域の活動を伴うことが明らかになっている（加藤 2015）[5]。この結果は，感情温度の質問が確かに人々の感情を測定できていることを示すものである。

　第２の点についてまず指摘できるのは，本書を手にとるような政治に関心のある読者とは異なり，多くの有権者にとっては，「好き」「嫌い」以上の洗練された政治的意見をもつことは難しいということである。残念ながらこのことは政治学上の通説的な見解である。それに対して，好き嫌いの感情は，有権者の政治的な情報処理において重要な役割を果たす。有権者の情報処理に関する有力な理論によれば，有権者は対象に関する情報を入手するたびに評価を更新し

ており，その情報が具体的にどのようなものであったか忘れた後であっても，評価は残り続けるとされる（Lodge, McGraw, and Stroh 1989）[6]。たとえば，本章を執筆している2017年の段階で民進党に反感をもつ有権者は多く，それが2009年から12年にかけての民主党政権の失敗に由来するものであることは容易に想像できるが，民主党政権が具体的に何を失敗したのかについて記憶していることを挙げるよういわれたときに，十分に答えられる人は多くないのではないだろうか。具体的な意見を求めたときに多くの有権者が答えられないような話題であっても，関連する評価対象の好き嫌いの感情だけであれば答えられる場合があり，それを感情温度の質問で測定することで世論を捕捉できる可能性があるのである。

●日本における有権者の感情温度

　以下では，実際に2013年東大朝日調査の感情温度のデータを分析した結果を紹介することで，2013年時点の日本におけるさまざまな事柄に関する世論を探っていきたい。先に述べたように，感情温度の質問を利用する際のポイントは，好き嫌いの感情の分布を知ることができるところにある。**図表4**は，調査で評価対象とした37の政党，党首，団体，シンボルのそれぞれについて，感情温度の分布を箱ひげ図というグラフで示したものである。白い丸は平均値を表す。評価対象は分類ごとに平均値の高い順に並べてある。太い線は中央値，つまり50パーセンタイル，箱の左端は25パーセンタイル，右端は75パーセンタイルを示す。箱の外側に伸びる線分はひげと呼ばれるが，左のひげの先端は10パーセンタイル，右のひげの先端は90パーセンタイルを表す（この点は慣例的な箱ひげ図の描き方と異なる）。xパーセンタイルとは，データを大小の順に並べたときに，小さい方から数えてx％にあたる値のことである。ひげの外側にあるデータは表示していないが，全ての評価対象に関して，得られたデータの最小値は0，最大値は100である。政党名などの右に記されている数字は，縦棒の右がその評価対象に好感をもつ人（51度以上の人）の割合，縦棒の左が反感をもつ人（49度以下の人）の割合である。この計算の分母には無回答の人も含まれる。

92　第2部　新たな世論調査からみえてくる〈民意〉

図表4 2013年の感情温度の分布

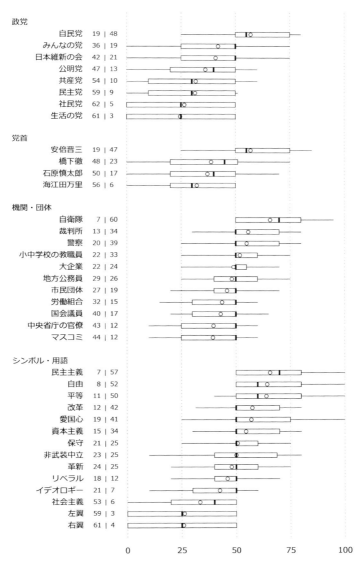

出典：2013年東大朝日調査のデータをもとに筆者作成。

第3章 「感情温度」が表すもの　93

まず政党と党首をみると，自民党とその党首である安倍晋三の感情温度が頭ひとつ抜きん出て高い。平均値が50度を超えているのは自民党と安倍のみである。この結果は，与党が圧勝してねじれ国会を解消した2013年参院選直後の世論を反映するものである。対して，民主党とその党首である海江田万里に対しては，反感をもつ有権者がほとんどである。民主党の好感度は社民党や生活の党よりはましであるものの，好感をもつ人の割合は9％しかなく，共産党の後塵を拝している。海江田に関しては，好感をもつ人がわずか6％という有様である。2012年の政権交代から半年後の世論がいかに民主党に厳しかったかを物語っている。改革を旗印としていたみんなの党と日本維新の会，および維新の共同代表であった橋下徹と石原慎太郎は，平均値こそ反感寄りであるが，これらに好感をもつ層もそれなりに抱えていたことがわかる。2012年衆院選後にも同様に政党と党首の感情温度を測定しているが，そのデータでは，日本維新の会の平均値は48度，橋下の平均値は49度であり，参院選までの半年で維新の好感度はかなり下がっている。これは，2013年6月に橋下が従軍慰安婦は必要だったとの旨の発言をしたことなどが影響したものだろう。また，改革系の政党やその党首には，感情温度の分布の幅が大きい，つまり人によって好き嫌いの差が激しいという特徴もみられる。

　次に機関・団体についてみてみよう。評価対象としたものの中では，自衛隊が際立って好感をもたれているという結果であった。自衛隊に反感をもつ有権者は7％と非常に少ない。公的組織と用語を単純に比較することはできないかもしれないが，自衛隊と民主主義に対する感情温度の分布が似ているのは興味深い。次いで，裁判所と警察，小中学校の教職員もそれなりに好感をもたれている。また，地方公務員（調査では，公立校の教職員と区別する意図で「地方自治体の役所で働く公務員」と表記していた）は，ほぼ好感と反感が拮抗した分布になっている。地方公務員に対するバッシングを惹起するようなニュースがたびたび報道され，また当時の日本維新の会が地方公務員を標的とするような政策を打ち出していたことを考えると，やや意外な結果である。それに対して，中央省庁の官僚に対する好感度は機関・団体の中で最低レベルであり，地方公務員に

図表5　1983年と2013年の感情温度の分布

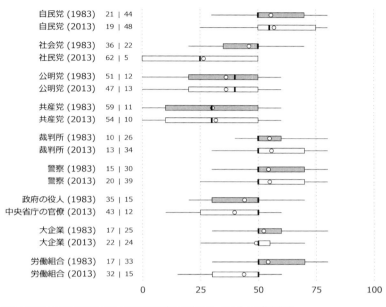

出典：「日本人の選挙行動」調査と2013年東大朝日調査のデータをもとに筆者作成。

明確な差をつけられている。評価対象とした機関・団体の中で最も感情温度の平均値が低かったのはマスコミであり，朝日新聞の調査としては皮肉な結果であった。

　シンボル・用語に対する感情温度をみると，民主主義，自由，平等はほとんどの人に好感をもたれている。日本の有権者の間には，これらの理念を肯定するコンセンサスがあるようである。改革や愛国心，資本主義といった言葉も，概して好感をもたれており，感情温度の平均値が50度を超えている。逆に強い反感をもたれているのは，右翼と左翼，次いで社会主義である。イデオロギーを表す言葉を比べると，自民党優位の政治状況を反映してか，分布が反感の方に寄っている革新やリベラルよりも，保守の方が人々の好感を集めている。

　一部の政党や団体は，1983年に綿貫譲治らが行った「日本人の選挙行動」調

査でも感情温度が尋ねられている。**図表5**は1983年と2013年の感情温度の分布を比較したものである。[7] 一部ワーディングが異なるために慎重な解釈を要するものもあるが，興味深い世論の動向がみてとれる。政党をみると，公明党と共産党は全体的な分布がほとんど変わっておらず，自民党も2013年の方がやや好感度が高くなっている程度でそれほど分布に変化はない。それに対して，社民党（旧社会党）のイメージの悪化は顕著である。30年前には社会党に反感をもつ人が36％であったのに対して，2013年に社民党に反感をもつ人は62％に増えている。平均値は46度から27度に下がっている。

　機関・団体をみると，裁判所と警察に対する感情温度の分布は，30年でそれほど変化していない。ワーディングが異なるため単純には比較できないが，官僚に対する反感はやや強まっている。資本主義下で対立する階級を象徴する2つの集団を比較すると，大企業はわずかにイメージが悪化した程度であるのに対して，労働組合は著しく好感度を下げている。1983年は労働組合に好感をもつ人が33％，反感をもつ人が17％であるのに対して，2013年には，好感をもつ人15％，反感をもつ人32％と逆転している。

● 感情の構造

　どの政党や党首にどのような感情を抱きやすいかについては，一定の傾向があるだろう。自民党に好感を抱く人は安倍晋三も好きだろうし，おそらく共産党は嫌いだと想像できる。さらに，団体やシンボルに対する感情にも，そのような傾向に沿ったものがみられると思われる。自民党が好きな人であれば，自衛隊には好感を，社会主義には反感をもっているのではないかと予想される。自民党が嫌いな人については全く逆のことがいえるだろう。もちろん，全ての人にそれが当てはまるわけではないが，社会全体でみて，このような感情の構造というべきものがあるのではないかと考えられる。政治に詳しい読者，特に左―右や保守―革新などといったイデオロギー対立に詳しい人であれば，そんなことは当たり前だと思われるかもしれない。しかし，本章ですでに何度か強調しているように，必ずしも政治に詳しくない普通の人々が，そのような感情

の構造を共有しているとは限らない。特に，シンボルや用語については，本来の（政治の専門家にとっての）意味とは異なって解釈されているかもしれない。したがって，実際に感情温度のデータを使って，このような感情の構造を分析してみることには大きな意味がある。本章の分析は，団体やシンボルも含む感情の構造を分析する初めての試みである[8]。

　次頁の図表6は，個人の潜在的な特性を明らかにする統計手法を用いて，37の評価対象に対する感情温度を分析し，評価対象を2次元空間上に位置づけたものである[9]。2次元空間の縦軸と横軸は，それぞれ異なる有権者の特性を表している。縦軸と横軸のそれぞれについて，灰色の軸を基準に同じ側にあるものは同じ人に似た感情を抱かれやすいことを意味し，反対側にあるものは異なる感情を抱かれやすいことを意味する。軸から離れていればいるほど，その傾向が顕著であることを表す。

　横軸をみると，安倍晋三，自民党と社民党，共産党，民主党，生活の党，海江田万里が対置されている。また，日本維新の会，橋下徹，石原慎太郎，公明党は自民党側に位置する。したがって，横軸は左―右ないし革新―保守のイデオロギー対立を表していると解釈できる。機関・団体では，右寄りの有権者ほど自衛隊，国会議員，警察，官僚，裁判所という公的組織ないし公職者に好意的であり，左寄りの有権者ほど労働組合，市民団体，マスコミという在野の団体に好意的である。シンボル・用語も常識的な配置になっており，右寄りの有権者が好むのは保守，右翼，資本主義であり，左寄りの有権者が好むのは非武装中立，社会主義，左翼，革新である。また，民主主義，自由，改革は水平方向でほぼ0の位置にあり，これらの用語に対する感情は左―右の対立とは無関係であることもわかる。

　より興味深いのは縦軸である。日本維新の会とその共同代表2人が上側に位置し，みんなの党も同じ側にある。自民，民主，公明，共産，社民という既存政党は下側に位置している。政党・党首以外には，改革という言葉が上側にあり，官僚，地方公務員，小中学校の教職員などの公務員や国会議員が下の方に来ている。これらのことから，縦軸は日本維新の会やみんなの党が主張してい

図表6　2013年の日本における感情の構造

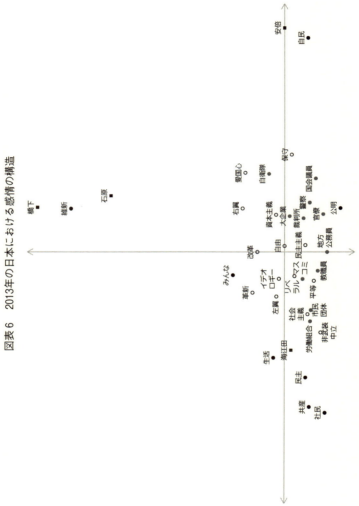

出典：2013年東大朝日調査のデータをもとに筆者作成。

たような政治・行政改革に対する姿勢を表していると考えられる。改革志向の有権者は上側に位置する評価対象に好意的で，下側に位置する評価対象には反感をおぼえている。改革に慎重な有権者は逆である。有権者に共有された感情の構造は，2013年参院選後時点の日本政治が，左─右のイデオロギー対立に加えて，政治・行政に関する改革の是非をめぐって展開されていたことを反映しているようである。

　先ほど感情温度の長所を論じた際に，政治的なシンボルや用語に対する感情温度を分析することで，有権者がそれらをどのように理解しているのかについて示唆を得られると書いた。その例として，ここでは革新という用語が上側に位置していることに注目したい。革新が保守と対立する立場を示すもので，リベラルとほぼ同義の言葉であるということは，日本政治に詳しい者にとっては常識である。したがって，読者の中には，この分析結果は奇妙だと思われる人もいるかもしれない。この図から示唆されるのは，一部の（必ずしも政治に詳しくない）有権者は，革新を改革と同じ意味の言葉として理解しているということである。今日，（特に若い世代の）有権者が革新という言葉を従来の常識とは異なる意味で理解していることは，すでに遠藤晶久とウィリー・ジョウ（Willy Jou）が別の調査データを用いて指摘している（遠藤・ジョウ 2014）。今回，それが感情温度のデータによっても確認されたということになる。[10]

　最後に，性別と年齢によって，さまざまな評価対象にどのような感情をもつ傾向にあるかを分析してみる。図表7は，回答者を性別・年齢別のグループに分け，どのような感情をもちやすいかを図表6の感情の構造に沿って示したものである。縦軸と横軸は図表6のものに対応している。一見して明らかなのは，男性は女性よりも右寄りの感情をもちやすいということである。全ての年齢層でその傾向が出ている。くわえて，女性では判然としないが，男性では若い世代ほど改革志向の感情をもつ傾向にあることがわかる。ただし，性別や年齢によって感情温度に一定の傾向があるのは確かであるが，性別や年齢によらない個人ごとの差の方がはるかに大きく，性別や年齢だけで政治的な傾向が説明できるわけではない（たとえば，左寄りで非改革志向の20代男性もたくさんいる）とい

図表 7　2013年の日本における性別・年齢別の感情の傾向

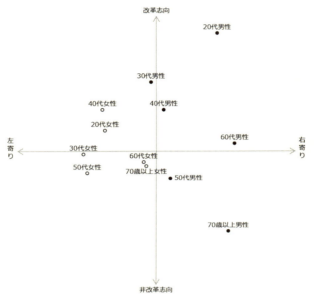

出典：2013年東大朝日調査のデータをもとに筆者作成。

うことは，念のため強調しておきたい。

● 結　語

　本章では，感情温度という，学術的には広く用いられてきたものの，世間ではあまり知られていない世論調査の測定方法を紹介し，そのデータによる現代日本の世論の分析例を示した。感情温度は，単に好き嫌いを問うものであるためわかりやすく，それほど政治に詳しくない人でも答えやすい。感情温度によって，支持する／しないや賛成する／しないといった二者択一の質問では測定できない，人々の政治的な意見や選好の機微を捉えることができる。本章で分析した2013年東大朝日調査では，学術的な調査でもあまり測定されてこなかった

◆コラム6　選挙情勢報道

　近年の日本の国政選挙をフォローする上で，選挙情勢報道は欠かせないものとなっている。2017年総選挙も例外ではなかった。当初は希望の党の躍進が予感されたが，すぐに失速し，各社の序盤情勢報道では与党が300議席をうかがう勢いであると報じられた。結果も与党の310議席獲得に終わったが，東京18区で劣勢と報じられた菅直人元首相が当選するなど，一部の選挙区では情勢調査と結果の食い違いにも注目が集まった。

　現代の情勢調査では，各選挙区で数百人，全国合計で数万人の有権者に対してRDD法によって世論調査を実施するだけでなく，その結果に過去の経験による補正や記者による現地の取材も加味して，総合的な判断がなされる。影響の大きさを考慮して，報道各社は「○○候補がX%の確率で勝つ」などと具体的な数字で報じるのではなく，「先行」「接戦」「追走」といった曖昧な表現を使う。しかし，よくみると，どの社も似たような表現で体系的に報じていることがわかり，表現によって候補者間にどの程度の差があるのかを推察できるようになっている。

　実際に，情勢報道と選挙結果はどの程度一致するのだろうか。図は，朝日新聞が10月10日から13日にかけて実施した2017年衆院選（22日投開票）の序盤情勢調査の記事によって，主要政党の小選挙区候補者の情勢を6段階に分類し，実際の選挙結果との関係を示したものである＊。横軸は報道された情勢を表しており，A～Eの順で優勢～劣勢とされていたことを意味する。縦軸が示すのは，当選者については次点との得票率の差，落選者については当選者との得票率の差である。縦軸の値が0より大きければ小選挙区で当選したことを意味する。

　図をみると，朝日新聞の情勢調査はかなり正確に約10日後の選挙結果を（当落だけでなく得票差も）予測することがわかる。C－とC＋の区分は，「互角」「激戦」などと表現された2人の候補者の名前が先に書かれたか後に書かれたかの違いでしかないが，それでも選挙結果には明確な差がある。しかし同時に，「優位」などとされた候補者（A）で落選した者，「懸命に追う」などとされた候補者（D）で当選した者もおり，情勢調査が完璧ではないこともわかる。世論調査に標本誤差が避けられないのに加えて，選挙期間後半に情勢が動いた選挙区も少なくなかったことが原因だろう＊＊。序盤にやや劣勢とされた（C－やDであった）にもかかわらず当選した候補者に立憲民主党の所属が多いことから，同党が終盤まで支持を伸ばし続けていたことがうかがえる。

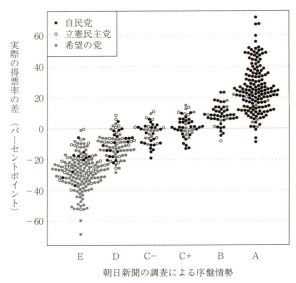

出典:朝日新聞の序盤情勢調査の記事(2017年10月15日朝刊24-29面)と矢内勇生氏の第48回衆議院議員総選挙データ(http://yukiyanai.github.io/jp/resources/scrape-hr2017.html)をもとに筆者作成。

* 原則として次の論文の分類に従っている。飯田良明「新聞の選挙情勢報道の分析――第44回総選挙を事例として」『実践女子大学人間社会学部紀要』3号,19-42頁,2007年。ただし,互角表現の場合は,候補者の名前の掲載順の先後による区別をつけ,先の候補者をC+,後の候補者をC−とした。

** 他の報道機関の情勢調査でも同じような結果になる。次の論文は,各社の情勢調査を総合的に評価する統計手法を使って本コラムと同様の検証をしている。予測の精度は高まるが,やはり終盤の情勢の変化があるため完璧な予測はできないとされる。梅田道生「政党党首による参院選選挙区訪問の影響の検証」日本政治学会2016年度研究大会報告論文。

公的機関や社会集団に対する感情温度,政治的なシンボルや用語に対する感情温度も測定したが,本章の分析によって,こうした政党や政治家以外を評価対象とした感情温度を測定することの有用性についても示すことができた。アメリカのデータを例に示したように,感情温度を同じ対象について継続して測定

すれば，世論の変化を追うこともできるようになる。学術的な調査のみならず
マスコミ等の調査でも，さまざまな事物を対象とした感情温度が継続的に測定
されるようになることを願う。

1)　この点は谷口将紀とのパーソナル・コミュニケーションにより示唆を得た。なお，感情温度が
　　気温と関連づけられるとなると，平均気温の高い地方に住む回答者の方が高い感情温度を答えや
　　すいのではないかという懸念が生じるが，少なくともアメリカにおいてはそのような回答傾向は
　　みられない（Wilcox, Sigelman, and Cook 1989）。
2)　2013年の世論調査のデータも含め，東京大学谷口研究室・朝日新聞共同調査のデータとコード
　　ブックはプロジェクトのウェブサイト（http://www.masaki.j.u-tokyo.ac.jp/utas/utasindex.html）
　　で公開されている。学術目的であれば自由に利用できる。2012–2013年調査については，『世界』
　　誌上で調査チームによる総合的な分析報告がなされている（谷口ほか 2013）。
3)　2015年の判決を扱ったものではないが，連邦最高裁による同性婚に寛容な判決が同性婚を容認
　　する世論を導くことを示した論文がある（Flores and Barclay 2016）。
4)　アメリカ全国選挙調査の設問の趣旨は，「リベラルな人々」「保守的な人々」という集団に対す
　　る感情温度の測定にあると思われる（原語では "liberals" と "conservatives" である）。しかし，こ
　　れらのデータを分析する際には，「リベラル」や「保守」というラベルに対する感情温度として解
　　釈されることも多い。
5)　ただし，別の実験では，感情温度の変化が別の脳領域の活動と関係していたことから，研究メ
　　ンバーの一人である井手弘子は，「感情温度の値の変化が……感情や情動よりも高次の認知的な情
　　報処理過程と関わっている可能性を示唆している」と論じている（井手 2012，107頁）。感情温度
　　がどのような心理的な過程を経て回答されるかは，まだ完全には解明されていないといえる。
6)　政治における合理性や感情については，本書の編者によっても論じられている（吉田 2014）。
　　関心がある向きはそちらも参照されたい。
7)　「日本人の選挙行動」調査のデータはレヴァイアサン・データバンクから入手した。この調査は
　　1983年6月の参院選後と同年12月の衆院選前後の3回実施された。標本は日本の有権者から層化
　　二段無作為抽出法で抽出され，第2回以降は，前回の回答者に加えて新規対象者が充当されている。
　　回収率は第1回から順に70.1%，64.1%，69.3% である。本章の分析に用いたデータのうち，政
　　党の感情温度は第1回調査，団体の感情温度は第3回調査で測定されたものである。この調査は
　　面接法で行われているので，郵送法で行われた2013年東大朝日調査と厳密には比較できない点に
　　注意する必要がある。
8)　政党と団体に対する感情温度を同時に分析して感情の構造を明らかにした研究としては，「日本
　　人の選挙行動」調査のデータを用いた三宅一郎のものがある（三宅 1986）。詳しく説明する紙幅
　　がないのが残念だが，関心のある読者にはぜひ手にとって本章の分析と比較していただきたい。
9)　正確には，ランダム切片因子分析という手法を用いている。図表6は，因子負荷に相当する値
　　によってプロットしたものである。後掲の図表7は，因子得点に相当する値のグループ別の平均
　　値をプロットしたものである。分析手法の詳細や統計ソフト R の再現コードは筆者の個人ウェブ
　　サイト（https://sites.google.com/site/miwahirofumi/）に掲載するので，ご関心の向きは参照さ
　　れたい。

第3章　「感情温度」が表すもの　103

10)　なお，右翼と愛国心が上側に位置しているのは，これらに対する感情温度が維新，石原，橋下
　　に対する感情温度と正の相関をもつことによるものであり，右翼や愛国心という言葉が改革とい
　　う意味で理解されていることを意味するわけではないと思われる。

参考文献

遠藤晶久，ウィリー・ジョウ，2014，「若者にとっての『保守』と『革新』──世代で異な
　　る政党間対立」『アステイオン』80，149-168.

Flores, Andrew R. and Scott Barclay, 2016, "Backlash, consensus, legitimacy, or
　　polarization: The effect of same-sex marriage policy on mass attitudes," *Political
　　Research Quarterly*, 69(1), 42-56.

井手弘子，2012，『ニューロポリティクス──脳神経科学の方法を用いた政治行動研究』木
　　鐸社.

加藤淳子，2015，「『政治学の方法』──異分野から見た『政治学の方法』の意義とは？」『書
　　斎の窓』638，22-27.

Lodge, Milton, Kathleen M. McGraw, and Patrick Stroh, 1989, "An impression-driven model
　　of candidate evaluation," *American Political Science Review*, 83(2), 399-419.

三宅一郎，1986，「党派的空間と社会集団」綿貫譲治・三宅一郎・猪口孝・蒲島郁夫『日本
　　人の選挙行動』東京大学出版会.

谷口将紀，2012，『政党支持の理論』岩波書店.

谷口将紀・梅田道生・孫斉庸・三輪洋文，2013，「2012年衆院選・2013年参院選──民主党
　　票はどこに消えたのか」『世界』849，220-228.

Wilcox, Clyde, Lee Sigelman, and Elizabeth Cook, 1989, "Some like it hot: Individual
　　differences in response to group feeling thermometer," *Public Opinion Quarterly*, 53(2),
　　246-257.

吉田徹，2014，『感情の政治学』講談社.

第4章 「イメージ政治」からみえるもの
——立命館大学×毎日新聞社のネット選挙調査から

西田　亮介

●はじめに：日本版ネット選挙の実態把握を目指して

　現代社会において，世論調査は現在に極めて近い過去における社会の様態を知るということに加えて，そこで得られた情報をもとに何らかの意思決定を下す重要な手がかりとなっている。政治，なかでも選挙に関してマスコミ各社が実施する世論調査は，選挙運動期間という選挙の種類によって異なるが，もっとも長い場合においても17日間（参院選と知事選）という限定された期間における選択においてその存在感はひときわ大きなものとなる。

　現代日本特有の，テレビ，新聞が未だ顕著な存在感を見せるメディア環境も拍車をかける。両者に関連する放送法と公職選挙法は表現の自由と，メディアのときに過剰な影響力の調停を試みているが，歴史的な経緯もあり，少なくとも日本のテレビ，新聞各社は法令違反や顕著な道徳上の理由がない限り，公式には特定候補を応援したり，また非難したりすることはほとんどない。日本式の「不偏不党」であり，「政治的中立」である。

　そのような状況下で，2013年の公職選挙法改正によって，インターネット選挙運動が幾つかの制限こそ残るものの広く認められるようになり，日本でも選挙運動期間中にインターネットを活用した情報発信が活発に行われるようになった。2016年の公職選挙法改正では，投票年齢が満20歳以上から満18歳以上に引き下げられた。第二次世界大戦後初めての投票年齢引き下げであり，有権

者の一部に高校生が含まれるようになった。

　だがこの状況下で顕著に観察されているのは，当初期待されたようなインターネットを介した新しい，理性的な政治の台頭ではなく，政治の情報発信戦略と戦術の高度化と政治教育（主権者教育）の刷新の遅れ，ジャーナリズムの技術革新，組織的対応等の遅れである。インターネット選挙運動（以下，「ネット選挙」と表記）の解禁と，政治的経験の少ない若年世代への選挙権の拡大にともなって広がったのは，詳しくは後述するが政治，なかでも選挙が印象によって左右される「イメージ政治」だったのではないか。これが本章の問題意識でもある。筆者らは当時，ネット選挙の実態を把握すべく，幾つかの従来の世論調査とは異なる調査を毎日新聞社と実施した。

　（義務）教育の変革の影響力は確かに大きいが，現在教育課程に在籍しているものにしか影響を及ぼすことを期待できず，相対的に若年世代の人口規模が小さいことを念頭に置いても即効性には乏しいともいえる。一般的な有権者の生活を念頭に置くと，本書の他の章でも紹介されるようなジャーナリズムとメディアの刷新と実践の積み重ねが期待されるところである。本章ではひとつの実践例として，筆者と毎日新聞社の，2013年参院選，2014年東京都知事選，同衆院選においての3回にわたるインターネット選挙運動調査と報道（以下，「毎日新聞社ネット選挙調査」と表記）の概要を紹介する。3回の調査に共通して，全候補者を特定したソーシャルメディアでの情報発信に関する定量的な調査，分析と，従来型の取材を組み合わせたコンテンツを作成し，選挙運動期間中に紙面とオンラインの双方で展開した。世論調査に新規の質問項目を追加するなど，新しいアプローチと伝統的なアプローチを融合しながら，政治の情報発信の現状とその体制，意図，現状を調査，分析し，それらの経緯や得られた知見を，選挙における有権者の選択に還元しようという取り組みであった。

　「毎日新聞社ネット選挙調査」は日本におけるマスメディアのネット選挙の本格的な調査の初期事例のひとつであることは疑いえない。だが，同時にさまざまな課題も明らかになった。ある意味当然のことながら，ジャーナリズムと研究者という異なった世界に属する主体の協働によって実践されたこともあ

106　第2部　新たな世論調査からみえてくる〈民意〉

り，通常の報道とも研究とも異なったさまざまな制約や課題が生じた。それらは両者にとって必ずしも満足のいく内容ではなかったことを含意する。これらを含む調査の経緯，知見，課題を共有し，今後の新しい世論調査を含むジャーナリズムと学術，そして両者の協働のためのひとつの土台を提供することが本章の目的である。

●「イメージ政治」とその蔓延，その背景

　日本の有権者は困難な状況に置かれている。政治が有権者に対して奇妙に有意な状況にある。なぜか。ここでは政治の情報発信と教育に目を向けてみたい。かねてから政治家はメディアを通して，自分たちにとって有利な状況を作り出そうとしていることに起因する。そのときどきの手法を活用しながら，一義的には自身と所属政党をはじめとする所属集団の勢力拡大のために情報を発信してきた。これは古くから見られる現象だが，近年顕著になっているのは専門家（集団）と新技術の活用である。広告代理店やPR企業などの協力のもとに，マーケティングやPRの手法を駆使し，情報とエビデンスに基づく介入が模索されている。インターネット・メディアとの相性も良い。というのも，インターネット上の発信とそのパターンから発信者の属性や好き嫌いを一定程度把握することができるからである。2013年の公職選挙法改正にともなってインターネット選挙運動がかなり広範に認められて以後，与党自民党をはじめ，いまでは多くの政党が従来の選挙運動に加えて，インターネットを活用した新しい選挙運動，政治活動を探索している[1]。政治と有権者の利害関係は必ずしも合致せず，総じてみれば政治のほうが戦略と戦術の探求についての強いモチベーションを有している。

　2008年のオバマ大統領選挙のデジタル戦略に関与したラハフ・ハーフーシュ（Rahaf Harhoush）はその著書のなかで，情報化社会における政治から有権者に働きかけるさまざまな技法を紹介している（Harfoush 2009＝2010）。類似の属性や嗜好性をもつ支持者同士を結びつけて，コミュニケーションさせると忠誠心が向上することに注目し，潜在的な共通点をもつものの，お互いがまだ認識し

ていない支持者同士を，オンラインを介してコミュニケーションさせることで，結束を固める手法が例に挙げられている。ほかにもサイバースペースで収集した資金とデータを分析して，「効果的」に人々が反応するテレビ広告を作成する例も紹介されている。そのテレビ広告は YouTube などで先行して放送することで，視聴者の反応をチェックし，それをフィードバックして，次のテレビ広告に反映するのだという。

　ジャーナリストのスティーブン・ベイカー（Stephen Baker）は，選挙の諸変数の分析から，潜在的な支持者を発見する手法を紹介している（Baker 2008＝2015）。ベイカーは，政治に対して特定のオピニオンや強い見解をもっていない無党派層の嗜好性に関するデータを分析することで，自分たちの政策に賛意を示す可能性の高い有権者を発見し，介入，訴求するアプローチを模索する手法に言及している。

　ブログ黎明期に，情報社会と制度，憲法等の関係に詳しいアメリカの憲法学者キャス・サンスティーン（Cass Sunstain）は，自ら情報を取りに行く（と利用者自身は認識しがちな）インターネット・メディアにおけるコミュニケーションが，実はしばしば類似の意見や属性の人物が集まって極化に至ることを指摘した（Sunstein 2009）。それから10年余りの歳月が経過してソーシャルメディアが普及したわけだが，ビッグデータ時代のスピンドクターたちはむしろ積極的に極化を仕掛けて支持者の囲い込みを行い，その戦略と戦術に磨きをかけている。

　もうひとつの有権者の困難とは政治教育に関係するものである。政治教育基本法第14条には政治教育について次のように記されている。

　（政治教育）
　第14条　良識ある公民として必要な政治的教養は，教育上尊重されなければならない。
　2　法律に定める学校は，特定の政党を支持し，又はこれに反対するための政治教育その他政治的活動をしてはならない。

そもそも「政治的教養」とは何か，「教育上尊重される」とはいったいどの

ような達成目標と解されるべきなのかといった問いについて，学術的，社会的，制度的，規範的等多様な議論が可能だが，ここではさしあたり主に教育現場で広くどのように理解され，教育実践の指針となっているかという点に目を向けておくことにしたい。先般の投票年齢の満20歳以上から満18歳以上への引き下げにあたって，総務省と文部科学省が準備した主権者教育用教材では「政治的教養」と「尊重される」という用語は以下のように定義されている。

　「良識ある公民として必要な政治的教養」

　　この政治的教養とは，①民主政治，政党，憲法，地方自治等，現代民主政治上の各種の制度についての知識，②現実の政治の理解力，およびこれに対する公正な批判力，③民主国家の公民として必要な政治道徳及び政治的信念などであり，単に，知識として身に付けるにとどまるものではないと解されている。
　　今後，国家・社会の諸問題の解決に主体的に関わっていく意識や態度を涵養することが重要であるが，その際，良識ある公民として必要となる基礎的かつ不可欠なものとして，政治的教養を養うことが必要である。

　「教育上尊重されなければならない」

　　教育を行うに当たって，政治的教養が適切に養われるように努めるべき旨を示すものである。
　　第2項においていわゆる党派的政治教育を禁止する一方で，国家・社会の諸問題の解決に主体的に関わっていくため，それらの形成者として必要な政治的教養を養うことが重要であり，学校教育，社会教育，家庭教育それぞれの場において養われることが望まれる。また，教育行政の面からいえば，そのような条件を整えていくことが必要である。（総務省・文部科学省 2015b: 73　強調，下線は引用者による）

　そもそも投票年齢の引き下げが，新規の「政治的教育のための条件を整え」るための教育行政に先行することにも疑問が残るが，現実には日本社会には政治や選挙の基礎的知識を実践的かつ経験的に学習できる機会はそれほど多いとはいえない。紙幅上，本章では幾つかの例を挙げるにとどまり十分に論じることはできないが，日本社会は政治的なものを慎重に有権者の身の回りから遠ざ

けている。

　たとえば前述の投票年齢の引き下げについていえば，投票年齢は引き下げられ，中等教育向けに主権者教育用教材が作成され，配布された（総務省・文部科学省 2015a）。しかしながら，主権者教育は少なくとも本章執筆時点では正規科目ではないうえに，この104ページから成る教材は従来の中等教育の公民科目の内容を寄せ集め，ワークショップの方法に分量を割いたに過ぎない。前述の『私たちが拓く日本の未来【活用のための指導資料】有権者として求められる力を身に付けるために』には，上記で下線強調のもとに引用したように，「現実の政治」の理解を促すよう記述があるが，少なくともこのテキストにはそれらに関する積極的記述（たとえば現存の政党の歴史や業績，評価，主張等）はみられない。

　正規科目化されていないということは，この教材の活用は基本的には，各学校に委ねられている。この教材はそれなりに簡潔にまとめられているが，正規科目が割り当てられないなかでどれだけ活用されたかはかなり疑問が残る。また投票年齢引き下げが適用された2016年参院選後に全国の選挙管理委員会を対象に実施された総務省の『学校教育と連携した啓発事業実態調査報告書』によれば，2013年と2015年で，選挙出前事業の実施団体が183団体から461団体に増加し，高校における出前授業の実施学校数が56校から1149校に，受講生数は9153人から約31.1万人に増加した（総務省 2016）。だが，文部科学省の『学校基本統計（学校基本調査報告書）』によれば，高等学校の数は2017年時点で4907校あり，生徒数は約330万人である。現状，高等学校を卒業するものの多数がこれらを受けたとはいえないし，また既卒のものがどのように政治的なものに接近するかという問いにはこたえられていないままである。

　社会学者遠藤薫は，「世論」について，「『政策』とその社会に生きる人々を接続する」ものと捉えている（遠藤 2004: 12）。本章で捉える「イメージ政治」とは，以下のような社会における政治的状況のことである。

　　有権者が，知識や論理にもとづいて理性的に政局を認識することができず，また政

治も印象獲得に積極的に取り組むことで、「イメージ」によって政治が駆動する状態。（西田 2016b）

　総力戦戦間期にあたる1922年に書かれたウォルター・リップマン（Walter Lippman）の『世論』は、当時姿を現し、急速に影響力を拡大し始めた宣伝技術の発達とメディア環境、そして世論に警鐘を鳴らしたが、現代においても有権者と社会の視点に立った政治情報の読解と流通の必要性にはなんら変化はないことは論をまたないだろう。だが、政治の情報発信戦略、戦術が急速に高度化する一方で、前述の教育、ジャーナリズムの実質的高度化は顕著な遅れをみせている。

● 事例の紹介：実践としての毎日新聞社ネット選挙調査

　日本におけるネット選挙の解禁を通じて観察できるのは、政治の情報発信量の顕著な増加である。政党、政治家、そして新たな候補者たちの情報発信量は明らかに増加した。ある意味では当然である。従来型の選挙運動に加えて、新たな環境に適応する必要性が生じたからである。ネット選挙の投票行動への影響が未知数だったとしても、日本の選挙制度のもとでは選挙運動に用いることのできる手法は厳しく制限されているから、選挙運動や政治活動への当座の効果が自明でなかったとしても、利用しないという選択はあり得ないからだ。ネット選挙の解禁をマスメディアが鳴り物入りで報じ、他の候補者が活用するのであればなおさらである。このような政治からの発信情報の増加は、有権者に政治について関心をもちさえすれば入手可能な情報量の増加を意味する。この点は日本におけるネット選挙解禁の（今のところ数少ない）確実な成果のひとつではないか。

　政治からの情報発信量の増加を受けて、ジャーナリズムの側でも新たな実践が試行錯誤を行っている。マスコミ各社の実践については本書の他の章でも取り上げられているが、概ね2012年の衆院選あたりを節目として、ソーシャルメディア上の情報の分析と報道への活用を具体的に検討するようになったようだ。2011年の東日本大震災がひとつのきっかけとなって、ソーシャルメディア

第4章　「イメージ政治」からみえるもの　111

上の情報の有用性や政府機関，公的機関のソーシャルメディアを通じた情報発信が行われるようになったことを想起すると，この時期がひとつの日本におけるソーシャルメディア普及の転換点となったからだ（遠藤編 2011）。

　マスコミ各社のソーシャルメディア分析の実践例について幾つか具体例を紹介しておくと，朝日新聞社は2012年に実施した「ビリオメディア」企画がある。朝日新聞社によれば，この企画名称は次のような意図に由来する。

　　10億（ビリオン）を超える人たちがソーシャルメディアで発信する世界，名付けて「ビリオメディア」。私たち自身もソーシャルメディアを駆使し，取材に挑んだ。[2]

　この企画は全国紙が，ソーシャルメディアを中心に紙面とネットを連動させ，新しい手法を取り入れた紙面展開を試みた企画としては先駆的な例だったと思われる。ビリオメディア企画ではネットと紙面の双方で，ツリーマップやバブルチャートといったテキスト情報を視覚化する新しい技法を用いながら，ソーシャルメディア上の言説を読み解き報道に活かそうとした。ネット版ではユーザーのクリックなどに反応し，下位のレイヤーの情報が表示される動的なコンテンツを取り入れていた点も興味深いものがある。

　ジャーナリズムの取材活動にデータ分析やユーザーの意味理解を容易にする可視化技法を導入する「データ・ジャーナリズム」の日本における実践例といえる。

　以下では，同種の実践例として，毎日新聞社と筆者による，2013年参院選と，2014年の東京都知事選挙，2014年衆院選において3回にわたって実施した取組について経緯を含めて概観する。2012年当時，筆者らは現職国会議員の Twitter での情報発信パターンに関心をもって主に発信量（Tweet 数）や RT 量などについての探索的研究を行っていた。[3]当時は現職国会議員のなかには Twitter のアカウントを作っているものの数が少数しかいなかった。そうであるにもかかわらず，せっかくアカウントを作っている議員たちでさえ，その大半は情報発信量が乏しく RT を通じた情報の広がりも少なく，本来知名度を向上させたいはずの現職議員たちからすれば非合理的な情報発信が主流になっていた（西

田・小野塚 2012）。それらの知見を日本公共政策学会で学会報告している会場に，当時毎日新聞社大阪社会部に勤務していた石戸諭記者がいた。そこで意見交換をして，公選法改正によるネット選挙の解禁が視野に入ってきていた時期でもあり，はじめて適用されるであろう来るべき2013年の参院選で何かできないかという話になった。

　話は毎日新聞社社内で，よりいっそうの広がりを見せた。後日，毎日新聞社東京本社で政治部，社会部，デジタルメディア局，世論調査室等から参加者がいるなかで，プレゼンテーションと意見交換をする機会をもつことになった。一般的な政治と情報の動向とそれまでの研究の知見を紹介し，新聞社がソーシャルメディアの分析を行うにあたって「ソーシャルメディア上の一般利用者の言説分析は技術的には容易で，他社もはじめてのネット選挙解禁にあわせて取り組む可能性が高くコンテンツとしての競争力に欠くこと」「新聞社ならではという強みは取材力と新聞紙面であるから，ネットでの展開だけではなくそれらを活用すること」「候補者のアカウントをすべて特定しそのアカウントが発信する情報パターンの分析を行うこと」の３点等を強調した。当時の政治部前田浩智部長，平田崇浩デスクが強い関心を示し，彼らが強調したのは「せっかく選挙を扱うのだから，紙面展開は前向きに考えたい。選挙のあとではなく，選挙運動期間中に展開したい」というものだった。[4]両者が毎日新聞社側で中心となり，政治部主幹で社会部等も参加する部署横断型の参院選特別企画としてプロジェクト化されることになった。[5]石戸記者も一時的に大阪本社を離れて，このプロジェクトに参加することになった。

　紙幅の関係もあり，毎日新聞社との共同研究の内容を逐一詳細に説明することはできないが，大まかに紹介すると我々の取り組みの全容は下記のようなものだった。[6]

(1)　各候補者の全量ツイートの分析
(2)　Twitter ユーザーの発言動向の分析
(3)　毎日新聞社のボートマッチ・サービス「えらぼーと」との比較
(4)　世論調査や記者の取材情報との比較とすり合わせ，世論調査への新規質問項目

第4章　「イメージ政治」からみえるもの　113

図表1　2013年参院選：参院選期間中のツイッター分析
（7月4〜20日集計）

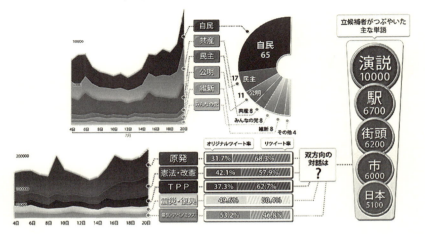

出典：「2013参院選：参院選期間中のツイッター分析」『毎日新聞』(http://senkyo.mainichi.jp/2013san/analyze/20130731.html)

　　　　追加
(5)　視覚化の工夫
(6)　Twitter 上の情報発信量と獲得議席数等との相関関係の分析

　これらのコンテンツと方法は，繰り返し筆者と毎日新聞社の各関係者らがそれぞれのニーズをすり合わせながら企画として固められていった。ジャーナリズムと学術の目指すところは必ずしも合致するわけではないから，ときに双方ともに妥協せざるをえない点も残ることもあったが，結果と解説，筆者による解説コメント等が選挙運動期間中とその前後に複数回にわたって紙面とネットの双方で展開された（図表1）。

　2013年参院選時の印象的だった知見を紹介しておくことにしたい。公示日のTwitter 上での政策に対する関心と，特別世論調査の政策についての関心の結果を比較した分析である。

　2013年参院選当時，原子力規制委員会が再稼働を認めたこともあって，イン

ターネット上ではその是非をめぐる話題が相当盛り上がっているように思われた。賛否に分かれて，それぞれの立場について互いに非難しあう語調の強い表現も相当目立っていた。ところがそれらから RT を除外し，ユニークユーザーに注目するとその数が相当程度少ないことがわかった。子育てや社会保障に関連した書き込みを行っていたユーザーの数とそれほど違いがなかったことがわかった。もちろん統計的な堅牢性には乏しいが，少なくとも興味深い仮説を浮き彫りにしたとはいえそうだ[7]。

　このほか候補者の書き込みの分析では，彼らの Twitter の書き込みではあくまで応援演説の場所と思しき地名や時刻に関する書き込みが多く，政策に関連するような書き込みは乏しかったことがわかった。ネット選挙解禁によってネットユーザーと候補者の政策対話のような事案が期待されたが，総合的に見て候補者が積極的に議論の起点になるような書き込みを行っているとはいえなかった。国政選挙では2013年参院選からネット選挙が解禁されたものの，候補者たちのネットでの情報発信は演説場所の周知などの紋切り型のものに留まっていた。Twitter というソーシャルメディアの技術特性を活用した双方向のやり取りに彼らは積極的ではなかった。そもそもネット選挙について一般にはあまり認知されておらず，全体的な傾向として，Twitter での情報発信や RT 量は投票行動や獲得議席数に顕著な影響を与えていなかったと考えられる。

　2013年の参院選後の選挙後も，毎日新聞社ネット選挙調査は二度にわたって継続した。国政選挙ではないが，若年世代が多くソーシャルメディアの利用が見込みやすい東京都という超大型都市部における大型地方選挙ということで，当時の猪瀬都知事の辞職で実施された2014年の東京都知事選でも実施した。候補者の情報発信をフォロワーの数や双方向のやり取りなど多様な視点で分析しレーダーチャートで表現することを試み，候補者毎にソーシャルメディアの利活用方法と程度には差異があることを明らかにした[8]。また過去の世論調査における「重視する政策」と候補者が応援演説に回った場所と回数を重ねあわせて地図上に表現することで候補者の選挙戦術の現状を読み解こうとした。

　2014年12月の衆院選における毎日新聞社ネット選挙調査は視点を「イメージ

政治」とした。本章や以前の論文等で用いた定義と若干異なるが，経験的な概念であるといえる。2014年の衆院選は多くの有権者からすればいささか唐突に実施された。第二次安倍内閣の経済政策「アベノミクス」と，2016年4月の消費税の10％への税率引き上げ先送りの是非を問う構図で実施された衆議院の解散に起因したからだ。2014年当時も解散の大義について議論が交わされたが，多くの有権者は選挙を予想できていたとはいえなかった。政策について十分に吟味し，議論するだけの時間的余裕があったとも考えがたい。だからこそ解散が行われたともいえるが，各野党も選挙に備えた候補者選定や政策案の準備ができていなかった。有権者にとっては，選択肢なき選択を強制されたような格好だった。

　このような政治状況を考慮し，2014年の衆院選の毎日新聞社ネット選挙調査では，世論調査に政治感情に関する質問を追加してもらった。その結果と，毎日新聞社が提供するボートマッチサイト「えらぼーと」などで有権者の政治に対する感情の比較，分析を行った。最も多く見られた回答は現在の政治に対する「いら立ち」であった。「いら立ち」は本来政権与党に対する否定的評価のはずだが，その「いら立ち層」でさえ3割が安倍内閣を支持していたことがわかった。否定的な感情をもちながら政権を消極的に支持する有権者が多かったことや，野党はそのような条件下においてさえ有権者の選択肢になりえていない様子を浮かび上がらせた。

　また政党・政治家の情報発信はネットと連動して現実の選挙運動のあり方にも影響を与えていたことがわかった。与党候補者にとっては経済政策が本来目玉のひとつだったはずだが，ネット上での発信では「アベノミクス」という言葉の利用を回避していたことも明らかになった。「アベノミクス」という言葉が有権者に与える否定的な印象（イメージ）を見極め，極力その影響を軽減しどのような介入と情報発信が有権者の共感を得られるか試行錯誤していると解釈した。

●毎日新聞社ネット選挙調査の評価と課題，展望

　毎日新聞社ネット選挙調査報道をどのように評価することができるだろうか。幾つかの観点から列挙してみたい。2013年参院選当時から，与党自民党はネット選挙対策のための分析チーム「トゥルース・チーム」を設けることを公表していた。党を挙げて，ネット選挙対策のためのデータ収集，分析，各陣営の選挙対策本部に対する知見のフィードバックを実施していた。実行的な権力監視機能という観点でいうなら，政治の情報発信戦略と戦術，体制が高度化する状況のもとでは，ジャーナリズムには政治と同等かそれ以上の存在感をもったイノベーションが求められるはずだ。ネット選挙が解禁された2013年頃を節目に，Yahoo! JAPANやニコニコ動画を有するドワンゴなどのネットメディアもネット選挙を取り扱うことに積極的な姿勢を見せるようになった。だが，マスメディアの影響力の大きな日本社会においてはマスメディアの実践が重要な意味をもつといえる。しばしばネットに対しては消極的だと指摘されがちな新聞社だが，毎日新聞社という伝統的かつ有力な全国紙が積極的にこの分野に取り組む姿勢を見せ，当時恐らくは政治の情報発信と同等程度の手法と体制をもって，選挙運動期間中に紙面とネットの双方でコンテンツを展開し読者に知見を還元できたことはまずはグッドプラクティスとして評価できるのではないだろうか。毎日新聞社ネット選挙調査は社内外において比較的肯定的に受け止められたようだ。[11)]

　その一方で課題も残る。もっぱらジャーナリズムと社外の研究者の協働という異なったステイクホルダーが参加することによる意思決定やすり合わせの困難，速度感等の認識の差異，目指すべき方向性の違いには根深いものがあった。また三度にわたるこの調査を経て，プロジェクトの成否において人に依存する部分が大きいことを痛感した。回が進むに連れて手法それ自体は高度化したが，体制は変化し，徐々に我々が異なった目標を目指していることも明らかになった。その後，石戸記者は毎日新聞社を去り，この企画も3回で幕をおろすことになった。

　ソーシャルメディアというメディアの特性や，社会的な使われ方や位置付け

◆コラム7 「政治のわかりにくさ」と新しいジャーナリズム？
　　　　　──規範のジャーナリズムから機能のジャーナリズムへ

　本章では2013年の公職選挙法改正に伴うインターネット選挙運動の解禁という政治システムの変化とともに筆者らが取り組んだ毎日新聞社とのネット選挙の実相を読み解こうとするネット選挙調査を含むジャーナリズム実践の事例を紹介した。

　こうした実践の背後には，我々の社会における「政治のわかりにくさ」の構造に対する問題意識が存在する。1990年代に端を発する政治改革という政治システムの内的変化もある。1996年の衆議院議員総選挙から小選挙区制が導入されたことで，国会議員の入れ替わり頻度は早くなったことが例示できる。

　また，ここでは十分な紙幅をもって論じることは難しいが，政治システム外部の教育は具体的な政治的知識と思考の道具立てを生活者に提供できず，メディアは発表報道を重視する傾向がある（それでいて後述するように，社説や論説としては政治に対する規範的な言説が好まれてきた）。

　とはいえ，第2部でも検討したように日本社会ではメディアの力学それ自体が変化しつつある。とりわけ古典的な新聞が量的にも質的にも地位を低下させている。かつては，各紙が根強い読者に支えられた読者共同体を期待することができたが，今日では極めて困難になったが，高齢化が顕著である。

　仮に伝統的な新聞を中心とする「政治はかくあるべき／政治はかくあるべきではない」ことを論じることに力点を置く日本の政治ジャーナリズムのあり方を「規範のジャーナリズム」と呼ぶなら，それらは「取材／速報／告発」の過程に支えられていた。

　だが第2章の本文などでも述べたように，情報量と接触頻度が増大し，また信頼が低下した時代には，（潜在的な存在を含めて）読者がメディアに規範性を前景化させた態度を要求するとは考えがたいだろう。また速報性で新聞がネットに対抗することはますます困難になるばかりだろう。

　日本のジャーナリズムも，発表報道から調査報道の比率を増やし，規範的な言説から，より機能の言説に舵を切ることはできないか。対立的に記述するなら，たとえばそれらは現在の日本型ジャーナリズムよりも「整理／分析／啓蒙」が重視されるのかもしれない。生活者が認知できるように情報量を縮減し，分析を施し意味を析出させ，実際に読者が手に取り目を通す過程までをデザインした新し

118　第2部　新たな世論調査からみえてくる〈民意〉

> い啓蒙が求められるのではないか。必ずしも海外のジャーナリズム実践を過度に
> 羨望する必要はないが，新しい日本型ジャーナリズムの姿は見てみたい。

に起因する課題も残る。ソーシャルメディアそれ自体は日本でも広く普及した
が，ソーシャルメディア上の情報から政治的な意味を読み取る，ソーシャルメ
ディアのトレンドや社会的文脈，使われ方も重要である。たとえば近年ソーシャ
ルメディアの主流が少なくとも世界的にはテキストベースの Twitter からビ
ジュアルや動画を駆使する Facebook や Instagram などに移行しつつある。非
文字情報を中心とするソーシャルメディアからどのような政治的含意を析出す
るかという点については，手法を含め今後の展開が待たれるところである。さ
らにそちらが主流になっていくのであれば，Twitter 上の情報を分析するだけ
では政治的な示唆を導出することは困難になっていくだろう。近年の傾向とし
て，ソーシャルメディアを運営する企業が利用者情報の有償提供を収益の源泉
の中核にし，研究者による自由な情報収集や分析を認めなくなってきたことも，
ソーシャルメディアを素材とする政治調査の大きな制約条件といえる。このよ
うな限定的環境下で，いかにしてジャーナリズムと学術双方に貢献する意味を
導き出すことができるかが今後の実践に問われている。本章がひとつの参考に
なれば幸いである。

＊謝辞
　本稿は JSPS 科研費若手研究（B）「情報社会において競合する政治とジャーナリズム
の学際的研究」（課題番号：16K16168）の成果のひとつです。また当時，筆者と毎日新
聞社ネット選挙調査を実施した毎日新聞社関係各位に記して感謝します。

1)　たとえば，自民党はもっともこの分野の探求に熱心な政党である。過去に筆者は自民党や自民
　　党と取引を行う企業等の取材を通じて，2013年参院選における自民党の施策等について論じた（西
　　田 2015）。また2016年に朝日新聞社『Journalism』編集部とともに，当時の衆議院主要 5 政党の
　　広報部門等に対して調査を行い，その取り組みをまとめている（西田 2016a）。
2)　朝日新聞社「ビリオメディアニュース」(http://www.asahi.com/special/billiomedia/）より引用。

3) 現在 Twitter における RT 量や「いいね」数，閲覧数といった情報は Twitter 社のマーケティングを支援する収益モデルの源泉となっているため，ユーザーがクローリングしてそれらの情報を抜き出したりすることができない仕様になっているが，当時は Twitter API を介してそのようなアプローチが可能だった。

4) 一般に選挙報道は政治報道の花形とされている。

5) 2013年については毎日新聞社と筆者の勤務先であった立命館大学で共同研究契約を締結し，2014年の2回は受託研究契約を結んで実施した。

6) 「2013参院選：参院選期間中のツイッター分析」『毎日新聞』(http://senkyo.mainichi.jp/2013san/analyze/20130731.html)
「本紙・立命館大共同研究：本紙・立命館大共同研究　政治対話，ネットでも」『毎日新聞』(http://senkyo.mainichi.jp/news/20140215org00m010001000c.html)

7) その後，日本におけるいわゆる「ネット炎上」がごく少数のユーザーによって引き起こされている可能性を示唆する実証的研究がなされている（田中・山口 2016）。

8) 「2014都知事選：「ネット力」分析　知名度上昇，限界も　メディア露出影響」『毎日新聞』(http://mainichi.jp/shimen/news/20140126ddm002010065000c.html)。

9) 「イメージ政治の時代：毎日新聞・立命館大「インターネットと政治」共同研究　巻頭言『毎日新聞』(http://mainichi.jp/feature/news/20141206mog00m010002000c.html)

10) 「衆院選：有権者…政治にいら立ち，あきらめの感情も」『毎日新聞』(http://mainichi.jp/feature/news/20141208mog00m010014000c.html)

11) 2013年の取材班は毎日新聞社社長賞に選出されている。またジャーナリズム実践に関連する著作，論文等でも先駆的事例として言及が見うれる。

参考文献

Baker, Stephen, 2008, *The Numerati*, Houghton Mifflin Harcourt.（＝伊藤文英訳，2015，『ニューメラティ　ビッグデータの開拓者たち』CCC メディアハウス.）

遠藤薫，2004，『インターネットと〈世論〉形成——間メディア的言説の連鎖と抗争』東京電機大学出版局.

遠藤薫編，2011，『大震災後の社会学』講談社.

———，2016，『ソーシャルメディアと〈世論〉形成　間メディアが世界を揺るがす』東京電機大学出版局.

Harfoush, Rahaf, 2009, *Yes We Did: An Inside Look at How Social Media Built The Obama Brand*, New Riders Press.（＝杉浦茂樹・藤原朝子訳，2010，『「オバマ」のつくり方　怪物・ソーシャルメディアが世界を変える』阪急コミュニケーションズ.）

西田亮介，2015，『メディアと自民党』角川書店.

———，2016a，「自前メディアの活用，市民との協働——高度化した政治の情報発信の陥穽とは」『Journalism』28–34.

———，2016b，「ネット選挙とソーシャルメディア——社会は，データ化で加速する『イメージ政治』をいかにして読み解くか」遠藤薫編『ソーシャルメディアと〈世論〉形成　間メディアが世界を揺るがす』東京電機大学出版局，142–152.

西田亮介・小野塚亮，2012，「ツイッター議員の定量分析」『人間会議』26，64-69.

リップマン・ウォルター，1987，『世論（上)』（掛川トミ子訳）岩波書店.

―――，1987，『世論（下)』（掛川トミ子訳）岩波書店.

総務省，2016，『学校教育と連携した啓発事業実態調査報告書』.

総務省・文部科学省，2015a，『私たちが拓く日本の未来　有権者として求められる力を身に付けるために』.

総務省・文部科学省，2015b，『私たちが拓く日本の未来【活用のための指導資料】有権者として求められる力を身に付けるために』.

Sunstein, Cass R., 2009, *Republic.com 2.0*, Princeton University Press.

田中辰夫・山口真一，2016，『ネット炎上の研究』勁草書房.

第5章 「感覚マップ」から浮かび上がるもの
──北海道大学×北海道新聞社の世論調査から

吉田　徹

● 北海道大学─北海道新聞共同調査「感覚マップ」の概要

　支持するか，支持しないか。賛成か反対か。世論調査は一般的に，このような尋ね方をすることが多い。しかし，世論調査は特定のマスメディアが時の政権や政策に対する世論の反応をみるためだけに用いるものに留まってはならない。そうではなく，世論の意見や考えを世論自身が認識し，世論の方向がどういうものであるのか，それは何故なのかを自らの内省の糧とするために用いることもできるだろう。つまり，世論のミラーイメージとして世論調査を用いる方法である。

　以上のコンセプトをもとに開発されたのが，北海道大学公共政策大学院と北海道新聞社による新たなタイプの世論調査，「道民感覚マップ」（以下「感覚マップ」）だ。この世論調査は，既存の世論・意識調査の内在的な限界を克服すると同時に，現代社会の新たなコミュニケーション・ツールとして活用されることを目指すものでもあった。

　具体的な調査方法は，2013年5〜6月にかけて，北海道新聞の過去1年の社説で扱われた固有名詞・事象など70のアイテムについて，(1)「以下の言葉に，良い印象をもっていますか。良くない印象をもっていますか。最も良い印象をもっているものを10，良くない印象をもっているものを1としてお答えください」，(2)「以下の言葉は，数年後も新聞やテレビなどメディアで話題になって

いると思いますか。最も話題になっていると思うものを10，話題になっていると思わないものを 1 としてお答えください」，(3)「以下の事柄は，私たちのくらしや社会を良くすると思いますか。最も良くすると思うものを10，良くすると思わないものを 1 としてお答えください」という設問に答えてもらい，その平均値をグラフにするというものである。そのため北海道内の有権者1000人を層化 2 段無作為抽出法で選び，郵送法で行った。2013年 5 月下旬に調査票を発送し， 6 月19日までに届いた有効回答数は687通だった（回収率68.7％）。その調査結果と解説は 6 月26日から 7 月 2 日にかけて同新聞紙面に掲載された。2013年 7 月には第23回参議院選挙が予定されており，2012年の民主党（当時）の下野と安倍自民党政権が政権奪取の後に，衆参による「ねじれ国会」が解消されるかどうかが注目されていた時期に当たり，さらに法改正によってインターネットを利用した選挙が解禁された選挙でもあったことを付記しておこう。

　なお，この「感覚マップ」の手法は，もともとフランスの「メディアスコピ研究所（Institut Mediascopie）」が開発した調査手法である。オリジナルの調査手法は「……の言葉（Les Mots de……）」という名称でもって有力紙『ル・モンド』を始めとする多くの媒体で定期的に公表され，自治体行政などの住民評価などにも応用されてきた[1]。後に述べるように，北海道大学―北海道新聞社の「感覚マップ」は同研究所の調査手法を厳密に踏襲するものではないが，その基本的なコンセプトを受けついで発展させたものである[2]。

　簡単にいえば「感覚マップ」は，新聞紙上でとりあげられた具体的なキーワード（憲法改正やアベノミクスなど）についての印象の好悪を，またその話題性についての判断を 1 から10のスケールで評価してもらうことで 4 つの象限によって完成する。

　以下では，実際の調査結果をみた上で，調査手法の意図について解説し，「感覚マップ」のもつ意義を明らかにしてみたい。

●「感覚マップ」から解るもの

　まず「感覚マップ」調査結果の全体的な見取り図である**図表 1** を観ていただ

図表1 〈参院選2013 道民の感覚マップ 道新・北大調査〉TPP参加, 改憲, 尖閣問題…どう思う

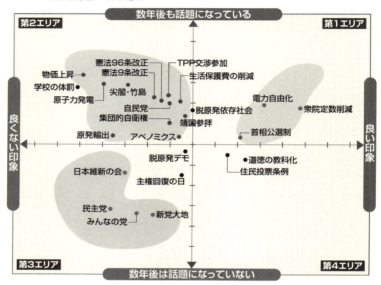

出典：『北海道新聞』2013年6月26日付掲載。

きたい。この図表は，回答者（有権者687人）の調査項目に対する評価を，先に示した評価と期待という2つの軸のもとに配置したものである。

「感覚マップ」は，既存の世論調査のように世論の「賛成・反対」を数値化するのではなく，社会で流通するさまざまな固有名詞や事象（ここでは「アイテム」と呼ぶ）に対する印象を回答してもらうことで成り立つ世論調査である。グラフ(1)は，「良い印象をもっている」「良くない印象をもっている」（x軸）および「数年後に話題になっていると思う」「数年後に話題になっていると思わない」（y軸）の2つの軸に沿って，各アイテムを1から10の段階で評価を下してもらった結果である。アイテムは合計で70存在するが，ここでは全てを掲示するのではなく，その中でも相互に連関するもの（政党名や政策で一括りにできるもの）だけをマップの上に配置している。

なお，ここで示されているアイテムは，ランダムに選ばれたものではなく，先述のように，北海道新聞の社説で紹介された固有名詞や出来事をピックアップしたものである。これは，メディアが尋ねたいトピックを選定するのではなく，その時々の社会が関心を寄せているものについて尋ねることを目的としているためだ。もちろん，新聞社の社説がその特定メディアの関心を反映したものであることは排除できないが，社説で主張されたり提言されたりする内容ではなく，そこで扱われているトピックの固有名詞を選定している点においては，より客観性を担保したものであるといえるだろう。

　さて，この**図表1**からは，たとえば道内であるにもかかわらず「TPP（環太平洋戦略的経済連携）交渉参加」が，「原発輸出」や「学校の体罰」ほど悪い印象をもたれていないことがわかる（第2エリア）。また「主権回復の日」や自民以外の政党は，良くない印象かつ話題にもならないと思われていることがみてとれる（第3エリア）。

　いうなれば，第1エリアは，世論がこれから実現していって欲しい，政治や社会で積極的に取り組まれるべき課題だと考えているものが配置されている。「良い印象」かつ「これからも話題になっている」とされるこの第1エリアに含まれるアイテムの「衆議院定数削減」や「電力自由化」などは，強い期待をもって実現が待たれていることがわかる。その反対に，「憲法9条改正」や「集団的自衛権」などを含む第2エリアは，避けられない重要な課題であるものの，むしろその負の影響を緩和したり，問題として解決してほしいと考えられていたりするアイテムであることを示唆している。

　以上に加えて，「感覚マップ」を通じては，3つの特徴的な世論が浮かび上がった。ひとつは，政党については，与党自民党や北海道の地域政党である「新党大地」を含め，押しなべて「良くない印象」をもたれており，世論の政党不信が全面化していることがわかる。これは政党支持率といった形で質問をとる既存の世論調査からは必ずしも見えてこない点といえる。

　また，調査回答の年代別の調査結果からは，20代〜30代の若年層がそれより上の世代よりも「アベノミクス」やエネルギー関係（「脱原発依存社会」「泊原発

図表2　〈道民の感覚マップ〉1＊生活・社会

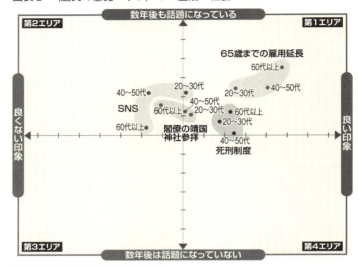

出典：『北海道新聞』2013年6月27日付掲載。

図表3　〈道民の感覚マップ〉2＊原発・経済

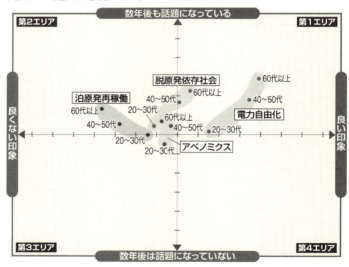

出典：『北海道新聞』2013年6月28日付掲載。

図表 4 〈道民の感覚マップ〉 4 ＊自治・分権

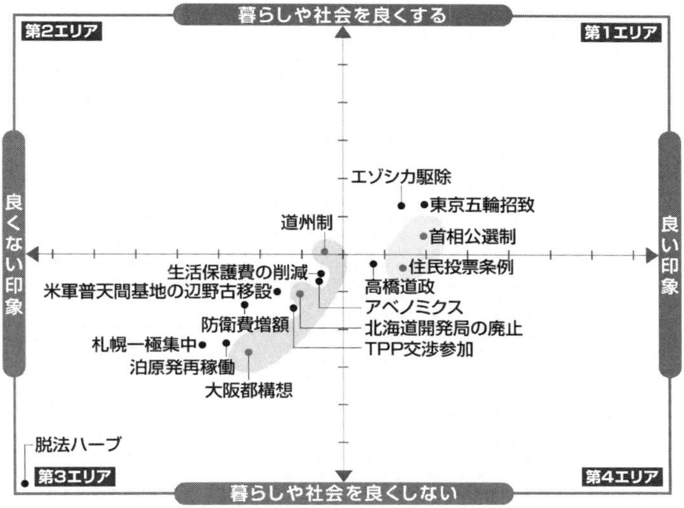

暮らしや社会を良くする

第2エリア　　　　　　　　　　　　　　　　　　　　　第1エリア

良くない印象　　　　　　　　　　　　　　　　　　　　　良い印象

エゾシカ駆除
●東京五輪招致
道州制　　　●首相公選制
生活保護費の削減　　●住民投票条例
米軍普天間基地の辺野古移設●　高橋道政
　　　　　　　　　　　アベノミクス
　　　　防衛費増額　北海道開発局の廃止
札幌一極集中●　　TPP交渉参加
　泊原発再稼働
　　大阪都構想

脱法ハーブ
●第3エリア　　　　　　　　　　　　　　　　　　　　第4エリア

暮らしや社会を良くしない

出典：『北海道新聞』2013年6月30日付掲載。

再稼動」）といったアイテムに良くない印象をもっており，反対に「靖国神社参拝」，「死刑制度」などについては比較的良い印象をもっているという，興味深い結果も得られた（図表2および図表3参照）。世代によって政策的な反応や政治的志向が大きく違うことは，その後近年の意識調査などでも明らかになっており，世代ごとの差異がここでも大きいことが見て取れる[3]。

　また，「感覚マップ」では各アイテムの良し悪しと時間軸上の重要度という2つの評価軸に加えて，「社会を良くすると思う」「良くすると思わないか」という観点からも各アイテムを評価してもらっている。ここでは，良い印象をもたれているアイテム（「首相公選制」や「東京五輪招致」）ほど社会を良くすることになるという相関が観察され，アイテムに対して良いイメージがあればあるほど，それが社会で有用であると認識されていることが，図表4からはわかる（なお地方自治と政治代表制度にまつわるアイテムについては網掛けをしてある[4]）。

●「感覚マップ」の目指したもの：世論調査の４つの弊害の克服

　それでは，「感覚マップ」は従来の世論調査と比較してどのような点において優位性をもっているのか。一般的な世論調査に内在する問題を克服しつつ，民主的な社会を構築するために不可欠な視点をもたらすことを可能にしていることがあげられるだろう。

　ジャーナリストの柿崎明二（柿崎 2008）や政治学者の菅原琢（菅原 2013）がつまびらかに主張ないし実証しているように，現代政治，もっといって現代社会は，良くも悪くも世論の動向や民意の意向を抜きにしては成り立たない。1930年代に世界初の世論調査専門会社ギャラップ社を設立したジョージ・ギャラップ（George Gallup）の「世論調査は民主主義の脈拍を測ること」という言葉は，民主主義と世論が不可分であることを端的に示すものでもあった。選挙や政策評価だけで有権者の意識や意図を測ることは，たとえば政策担当者と一般有権者との間の情報の非対称性，選挙では政党間の競合関係から有権者に提示される選択肢が制約されることなどから，自ずと限界が生まれると考えるのが自然である。そうした意味でも，第１章で論じたように，的確な世論調査の存在は民主主義にとって不可欠なものとなる。

　もっとも，民主政治に世論調査が定着するとともに，その弊害も明らかになってきている。以下では４点指摘し，その上で「感覚マップ」の優位性をみてみたい。

　中でも一般的な批判のひとつとして，調査での設問文におけるワーディングの問題があげられる（コラム２参照）。たとえば特定の政策に対する賛否を問う設問で，その政策の目指す結果が良いものであるとの前置きがある場合，回答者はこれに賛同するよう誘導されることになる。たとえば，「将来世代に借金を残さないための消費税引上げ」などとあれば，どちらかといえばこれに賛成する回答者は多くなると予想される。たしかに，完全にニュートラルな設問文というのは想定しにくく，設問文から恣意性を完全に排除することは難しい。しかし，尋ねられる対象が同一のものであるにもかかわらず，調査の種類や主体によって結果が大きく違うことになれば，世論調査の有効性そのものに疑念

が生じ，結果的にその正当性が揺らぎかねない。

　こうした世論調査に付随する一般的な問題に対して，「感覚マップ」は特定の固有名詞・事象（アイテム）を並べ，その印象を尋ねることで，設問文による誘導を可能な限り排除することを可能にしている。さらに，設問内容を選択するような恣意性も避けることを目的として，メディアで広く流通しているもの（過去の道新社説で取り上げられたもの）について尋ねる方法を採用している。もちろん設問項目に含めることのできるアイテムの数は物理的に制約があるから，恣意性を完全に排除することはできないが，調査主体が「尋ねたいことを尋ねる」のではなく，社会で一定度流通していることを尋ねるという意味においては，比較的中立的な立場から世論を測定することができているといえるだろう。

　既存の世論調査の抱える2つ目の弱点は，調査結果がパーセンテージなどで数値化されることで，その数字が独り歩きしてしまう可能性を抱えていることだ。回答者が真空の中でではなく，それぞれの生活環境の中で暮らしているのであれば，彼らが調査に際して，それまでの世論調査で明らかになった社会の多数意見を，ある程度忖度して答えることは回避できない。尋ねられた内容について確たる判断をもっていない場合，回答者は同調圧力の波に浚われることになる。その結果，状況によっては数字が雪だるま式に膨らんでいき，それがさらに世論を作り上げていくという循環が形成されてしまい，世論調査は社会意識を忠実に反映するような「弾力性」に欠くことになる。

　この問題を避けるため，「感覚マップ」では回答を数字ではなくグラフで表現し，視覚イメージを通じた民意の把握に重きを置いている。このようなデザインがとられているのは，数字そのものの高低よりも，各アイテムの位置取りの関係や相対的な連関を認識することに重きを置いているためだ。正しい世論や間違った世論があるわけではなく，存在するのはさまざまな世論である。見慣れない世論調査の手法であることとも相まって，調査がどのように構成されているのかの知識を予め有していないとグラフが解りにくいという欠点はあるものの，「特定時点での特定調査の特定数字」が，メディアや読者によって消

費され，数字の上下だけでもって世論を推論するといった過誤を避けることができる。

　これと関連して，既存の世論調査の3つ目の弱点は，それが民意の「スナップショット」しか表していないという点にある。たしかに，定期的な世論調査を通じて，民意の推移を時間軸上に位置づけることはできるだろう。しかし，マスコミの世論調査で必ず尋ねられる内閣支持率や政党の支持率を除けば，その他の設問項目はその時々の政策課題や政治的争点に応じて設定せざるを得ないことが多いから，通時的で比較可能な数字とはならない。それは特定の政策に対する特定の世論の反応でしかないのである。

　これに対して「感覚マップ」では，先にみたように一定期間，社会からの注目や関心の高い項目に絞って尋ねられており，さらに「話題になる／ならない」という時間軸を導入することで，通時的な未来予想の中で民意を把握しようとしている。とりわけグラフの第1エリアに集中するアイテムに該当するが，いわば社会の「期待値」を可視化し，特定の政策や現象を時間軸の中で評価することを可能にしている。このことは社会がどのように将来を思い描いているのかを，世論調査という方法を通じて示すことができるということを意味する。

　今までの世論調査の最後の欠点として，回答者の恣意性が排除しきれないことを指摘しておかなければならないだろう。第2章でも紹介した社会学者ピエール・ブルデュー（Pierre Bourdieu）による「世論なんてない」とのテーゼは，世論調査はその設問に有権者が特定の意見をもっていなくても，それが尋ねられることで回答が作り出されてしまう性質をもっており，それゆえ世論調査は社会の意識の純粋な反映たり得ないということも指摘している（ブルデュー 1991）。たとえば，死刑制度や夫婦別姓について考えたことのない有権者がその是非を尋ねられた場合，「わからない」という選択肢や熟慮した上で賛成・反対を選ぶのではなく，その場で瞬間的に意見を自ら作り上げてしまう可能性がある。

　このように作られた回答を「世論」の一部として捉えることは間違いではないかもしれない。しかし，ブルデューが指摘したように，世論調査は社会に浮

130　第2部　新たな世論調査からみえてくる〈民意〉

遊する意識を捉まえるというより，調査を行うことで世論を作り出してしまう
権力作用を内在させていることは否定できないだろう。

　位相はやや異なるものの，その実例として世論調査では毎回，投票に行くと
する有権者の割合は，実際の投票率よりも高く出る傾向がある。「感覚マップ」
が対象としていた2013年の例でいえば，この時の朝日新聞の世論調査で2012年
末の衆院選での投票の有無を尋ねる設問に対して，回答者の実に81％が「投票
した」と回答している。しかし実際の投票率は戦後最低を更新した59.3％に過
ぎなかった。この数字を素直に信じるならば，回答者の多くが過去の自分の行
動を捏造して答えたということになる。2013年3月に行われたこの調査は電話
調査ではなく，回答者が心理的圧迫を感じる面接調査だったことも作用してい
るだろう。しかし，この事例は調査を前にして，回答者が回答を作り出してし
まうこともあるということを示している。

　以上の議論をまとめてみよう。インターネット利用を含む高度情報社会に
あって，いかなる世論調査も社会の「外部」にあることは許されない。調査に
よって生まれる数字や結果自体が，社会の意識に作用し，それの反作用を及ぼ
してしまうことは避けられない。このことを所与として，「感覚マップ」では
社会に流通するアイテム，すなわち社会の「内部」の意識にあるものに対して，
それがどのように自己評価されているのかを知るための調査である。

　また，通常の世論調査が「賛成か反対か」「支持するか支持しないか」と有
権者の意見をゼロサム的に尋ねるものであるのに対し，「感覚マップ」はあく
までも各アイテムに対する「印象」，すなわち社会が有している「感覚」を探
るアプローチを採用している。二者択一では掬い取れない民意を可視化しよう
としているという意味では，第3章で紹介される「感情温度」と同じ問題意識
にあるといってもいいだろう。さらに，それは調査によって回答者の回答が作
られてしまうことを避けることにもつながる。そして，これらのアイテムの相
互連関性が配置されることで，有権者の「メンタル・マップ」が完成すること
になる。いわば民意の「意識」ではなく，「感覚」を測定することを目的にし
たものといえるだろう。

第5章　「感覚マップ」から浮かび上がるもの　131

もちろん「感覚マップ」は既存の世論調査の問題の全てを克服できているわけでもなければ，これまでの世論調査を完全に代替することを目的にするものでもない。しかし，現代社会においては事象の実際や政策の内容よりも，その事象や政策が喚起するイメージそのもの，すなわち思想家ジャン・ボードリヤール（Jean Baudrillard）のいう「シミュラークル（オリジナルなき複製）」を前提に議論が組み立てられるようになっている。好むと好まざるとを問わず，政策や事件の内実そのものではなく，それが喚起するイメージや誰がその当事者ということの方が強い訴求力をもつようになっている。このことは，ネット上のコミュニケーションの多くが，いわゆる「ネタ」として流通し，一時的な消費の対象となってしかいないことからもわかる。いわば，情報の内容よりも強度の方が意味をもつようになってしまっているのである。

　しかし，そうであればこそ，社会の「意識」以上に，その「感覚」を明らかにすることが重要となってきているといわざるを得ないだろう。少なくとも世論調査がここまで一般的になっている一方，社会での情報の流通や消費の仕方が変化しているのであれば，世論に対するアプローチ手法に革新が求められているのは間違いない。世論調査の手法が多様化していけば，それだけ民意のもつ多面的な姿も明らかになるだろう。

　ちなみに，「感覚マップ」のフランス版オリジナル調査は広告代理店に委託され，ネットを介して実施されている。有権者名簿ではなくモニターを通じて優位な母集団を作ることは論理的にも技術的にも可能であり，ネットを利用することで調査票に工夫を凝らすこともできるようになる。さまざまな事情があるとはいえ，日本の世論調査には未だに多くの資金や人的資本が投じられている。それに劣るメディアはなるべく低コストの調査を手掛けることで，世論調査の多様化に貢献することができるだろう。

● 調査方法と課題

　すでに冒頭で簡単に触れてはいるものの，「感覚マップ」実施の段取りについてさらに細かくみていこう。調査の基本的な流れは，①アイテムの抽出と評

価軸の設定，②回答結果のマッピング，③マップの解釈といった4つの段階に分けることができる。その中でも特に特徴的なのは，①と③のプロセスである。

①のアイテム抽出は，北海道新聞の社説で取り上げられたものの中から抽出しているというのは先に指摘した通りだ。ちなみに，オリジナル調査版ではアイテム調査は多様な形で行われている。メディアスコピでは調査の性格に応じて，アイテムの選定と抽出に書籍，新聞，テレビ，雑誌，ネットといった媒体，さらには面接調査（パネル型, フォーカスグループ型, 討論型）を用いているという。これは，用いることのできる時間と資金に応じて，社会で流通するアイテム選定のための角度と深度を変化させるためである。もしネット空間の感覚を明らかにしたいのであれば，ネット上のアイテムに比重が置かれることになるだろうし, 地方自治などに関する世論においては, 住民に対する面接調査などによってアイテムは選定されることになるだろう。メディアスコピでは，アイテムを約40分野ごと（主体，地域，価値観，政治，経済等）に分類し，それをもとに12万語以上のシソーラス（語彙集）を蓄積している。

もちろん，アイテム単体では調査に馴染まず，中には，文脈を付与しなければならないものもある。たとえば「生活保護」というアイテムでは，その言葉自体をどのように評価軸の中で位置づけたらよいのか，困難を来たすことは容易に想像できる。その場合，生活保護の「減額」や「増額」，「受給者」といった言葉でもって，グラフに盛り込める程度にアイテムを補う必要が出てくる。これは何を明らかにしたいのかという，調査の意図そのものにも関わってくる。

関連して，評価軸の設定もさまざまなものがあり得る。x軸については，調査が被調査者の意識ではなく感覚を図るという趣旨から，その感情的な評価を引き出すものであることが好ましいが，y軸についてはかなりの自由度がある。たとえば世論一般ではなく，特定の主体（自治体や政党など）についての調査であれば，回答者がこの主体に「期待しているのか／いないのか」，「対処能力をもっているのか／いないのか」といった評価軸を設定することができるだろう。また特定の政策的課題（憲法改正や増税など）についての調査であれば「優先されるべき／べきでない」，「身近に感じる／感じない」といった軸を設定するこ

とも考えられる。もし，グラフィック上可能となるのであれば，理論的には3つの評価軸を組み合わせた3次元グラフの作成も可能である。何れにしても評価軸の設定では調査側が何を明らかにしたいのかが問われることになる。

　③のマップの解釈については，**図表4**のように，いくつかのアイテムのグルーピングをすることで解釈上の視点が提供されることになる。メディアスコピが「クラウド」と呼ぶこのグループは，政策や主体別に連関性の強いアイテム同士を括って視認性を高めると同時に，解釈の枠組み（フレーミング）提供の機能をもつ。どのようなクラウドを作るのかは調査の性質によっても異なるが，社会の常識的な認識（同じ種類とされているもの，強い相関性をもつもの）に添って作成するのが妥当だろう。もちろん，調査結果そのものについて解釈が分かれ得るという点では，通常の世論調査と同じである。

●民意とのコミュニケーションを図る調査

　最後に「感覚マップ」の有するフィロソフィー，もっといって，この世論調査が有する社会的な意義や，期待される機能とはどのようなものであるのかを指摘しておきたい。

　ひとつは，為政者側のコミュニケーション戦略の改善，もうひとつは社会の自己省察の深化に貢献できるという点にある。

　たとえばグラフの第1エリア，すなわち世論が好ましいものとイメージし，さらにそれが未来において重要なものだとする政策が，本当に実現されるべきものかどうか，評価が実際には分かれるアイテムが並ぶこともある。たとえば，**図表1**では定数削減や首相公選制が「良いイメージ」かつ「話題になっている」という第1エリアに位置しているが，これらが大きな副作用をもたらす政策であることは間違いない所だろう。

　しかし，もし第1エリアに入れられる政策が社会に望ましくない結果をもたらすものであったり，反対に第2・第3エリア（良くないもの／話題になっていないと思われているもの）に配置された政策が逆に本来は社会に善をもたらすと期待されるものであったりする場合，それは為政者や意思決定者による説明不

足,あるいは有権者の側の政策上の理解が進んでいないということを意味する。

　社会の厚生を高めるはずの政策に対して,世論がもし良くない印象をもっているのであれば,為政者や意思決定者は,自らのコミュニケーション戦略を反省し,政策の所与の目的に照らし合わせ,社会で流通する政策効果の広報やそれに対するイメージを変えていかなければならない。もちろん,それは政治によるコミュニケーション操作を意味するが,たとえばアベノミクスを「デフレ脱却」か「物価上昇」と形容するかでは,その受け止め方は大きく変わってくることになるし,集団的自衛権を「戦争」と「平和」のどちらに結び付けて連想するかは,政策の帰趨に大きく関わってくることになる。後期高齢者医療制度が「姥捨て山」などと,また高度プロフェッショナル法案が「残業代ゼロ法案」などと呼ばれたために,強い反対を受けたことを想起しても良い。言い換えれば「感覚マップ」は,政策主体に何が期待されているのか,政策の価値として何が認められているのかといった世論の受け止め方を探り,より有効な政策立案のためのツールとして活用することができるのである。実際,メディアスコピの調査は自治体やNPOの受託を受けて,政策主体として行う政策の何が人々に何が受け入れられ,政策の効果として何が期待されているか把握するためにも用いられている。こうした手法は,ブランド価値を探る企業などにとっても有用だろう。

　以上は為政者側の視点だとして,社会にとって有用とされる点はどこにあるだろうか。社会とはコミュニケーションの総体のことだと定義したのは,「社会システム理論」を構築した社会学者のニクラス・ルーマン（Niklas Luhmann）だった。彼は,社会とは主体の意識の集合体ではなく,社会の構成員たる主体同士の間で絶え間なく交わされるコミュニケーションの総計のこととし,そのコミュニケーションの連鎖でもって社会は自己生成していくと述べた（ルーマン 1985）。こうしたルーマンの指摘に従えば,「統治者（為政者）―被統治者（有権者）」のコミュニケーション（ルーマンの言葉でいえば「政治システム」）を含め,社会内部での自己言及的かつ反省的なコミュニケーションを生産していくことが,社会が安定的に発展していくためには不可欠となる。世論調査に

ついていえば，それは何が「正しい」のかを探るために利用されるのではなく，社会の中での円滑なコミュニケーションがなされることでその正しさが生成され，それをいかに再生産していくかを考えるためのツールとしても構想されなければならないことを意味する。簡単にいえば，世論調査は統治者（為政者）と被統治者（有権者）との間のコミュニケーションチャンネルのひとつとして機能することになる。そのコミュニケーションは互いに誤解がないようにしておく必要がある。

　こうした観点から捉える「感覚マップ」は，メディア主導の世論調査でも，長期の世論の推移を記録する学術的調査とも異なり，調査を通じて社会の自己認識を明確なものとし，その自己認識を通じて社会が自らの意識を捉え直す機会を提供することを可能にしている。批評家の濱野智史は，ツイッターを始めとするソーシャルメディアがユーザー間での敵対と無視しか生んでいない状況に触れて，新たなメディアは「自己の姿を反省的に捉える」ような機能を担うべきだと提言している（濱野 2013）。この指摘に沿うならば，「感覚マップ」は社会で流通するキーワードや固有名詞について，社会が自らどう認識しているか，将来がどうあるべきかの把握・認識を可能にすることで，社会の側に熟議や討議を促すことを基本的な哲学としている。民主主義の核心のひとつは，「正しさ」を一旦括弧に括り，際限のない自己言及を続けていくことで正しさを不断に修正していくことにあるからだ。「感覚マップ」とその手法がその一助となることは間違いない。

＊付記
　本稿は「世論調査の新たな手法『感覚マップ』がめざすもの」『月刊 Journalism』2013年10月号掲載のものを加筆修正したものである。

1)　たとえば，"L'espoir d'un monde plus durable diminue chez les Français Les mots et les acteurs d'un monde plus durable 2011" in *Le Monde*, 27 octobre 2011.
2)　なお，メディアスコピ研究所のドニ・ミュゼ（Denis Muzet）代表から，調査手法やそのコンセプトについての情報提供を受けた。記して感謝したい。
3)　遠藤晶久，三村憲弘，山﨑新「維新は『リベラル』，共産は『保守』　世論調査にみる世代間断絶」

中央公論2017年10月号，「政党観 世代で「断層」」2017年8月11日付『読売新聞』（朝刊）など。

4) なお，その他の結果や分析については『北海道新聞』の特設ウェッブサイト（http://www.hokkaido-np.co.jp/cont/kankaku_map/）で公表されている。

参考文献

濱野智史，2013，「『裸の王様』に反省促す鏡を」2013年5月30日付け『朝日新聞』（朝刊）．

柿崎明二，2008，『次の首相はこうして決まる』講談社．

ニクラス・ルーマン，1985，『社会システム理論の視座——その歴史的背景と現代的展開』（佐藤勉訳），木鐸社．

ピエール・ブルデュー，1991，「世論なんてない」『社会学の社会学』（安田尚ほか訳）所収，藤原書店．

菅原琢，2013，世論調査やネットのアンケート調査をどう読む？ 菅原琢准教授に聞く」『ハフィントンポスト日本版』（2013年7月15日）．

終章 「メディア」としての世論調査
——〈民意〉なき時代の民主主義

吉田　徹

　本書は，民主主義において民意が必要不可欠であるという前提のもと，この民意の可視化に資する世論調査はどのようなものであり得るのか，その条件は何であるのかについて議論してきた。この中で民意とは，有権者ないし国民の政治に対する態度や意見を何らかの形で集約したものと定義された。

　世論調査を問うことは，究極的には民主主義を問うことになる。以上を受けて，本章では，民意と世論調査，そして民主主義の関係を改めて確認する。これと関連して，まずはこれまでの各章の議論をまとめてみよう。

●本書のまとめ

　第1部の冒頭となる序章の「〈民意〉とは何か」では，「民意」という言葉や概念は古くから存在してきたものの，「公論」や「世論」といった言葉とともに，人民主権や民主主義の歴史と並行して用いられてきたことを指摘した。トーマス・ホッブス（Thomas Hobbes）やジョン・ロック（John Locke），ジャン＝ジャック・ルソー（Jean-Jacques Rouseau）といった社会契約論を展開した思想家たちが「世論」という言葉を多用したのは偶然ではない（岡田 2001）。「民意」という言葉に直接的に呼応する欧文は「Popular Will」（英語）となるが，実際にニュアンスとして近いのは「Public Opinion」や「Will of the People」というものになるだろう。そして，とりわけ民主主義体制の発展をみた戦後になって，世

論調査はこの民意を計るために発展をしてきたことも強調した。

　もっとも民意は明確な定義を与えられていなかったために，その言葉を用いる主体によって都合よく用いられてきた。それゆえ，民主主義がどのようにイメージされるかによって，民意に対する態度や解釈も変化してきた。普通選挙が一般的なものとなり，いわゆる「大衆社会」が現実のものになると民意や世論に対して批判的な議論がなされるようになるし，他方で戦後になってはじめは西側諸国で民主主義が当然視されるようになると，民意や世論に対して応答的な政府のあり方が求められるようになった。その中で世論調査それ自体が政治に影響を与えるようになってきた現代社会において，民意は肯定と否定の両極を揺れ動くようになっている。

　そこで重要なのは，どこかに確固とした民意が存在していると仮定するのではなく，それが流動的でさまざまな相互作用の中で変転していくものだとする認識だとした。実際に多様な意見が互いに争ったり，共鳴したりすることは民主主義の基礎的条件でもあるからだ。

　次に，第1章「民意を測る世論調査」では，こうした世論調査で表される数字がどのように実際に作られ，それが何を意味するのかについての技術的側面が，世論調査の発展の歴史とともに詳述されている。日本にあっても世論調査は，終戦直後に GHQ とマスコミとの綱引きの中で導入され，いち早く定着することになった。

　もっとも，電話番号を無作為に抽出した上で有権者意識を探る RDD (Random Digit Dialing) 方式のような手法上の革新がもたらされ，世論調査が迅速かつ簡易に実施できるようになると，それが現実政治に与える影響も大きくなっていた。マスコミによって内閣支持率の数字などが頻繁に報道されるようになると，場合によっては，その数字そのものが政局と結びつくことになる。このことが批判の材料となって，世論調査の公平性や正確さに疑問符がつけられるようになったことも明らかにされた。調査手法や設問選択肢などによって，抽出される民意は大きく異なる可能性もあり，さらに電話を介した世論調査に限界が生じていることから，インターネットによる調査手法などが模索されている実例

も紹介される。また，こうした世論調査手法の中には，時間をかけた市民同士の討議によって民意を作りあげていく「討論型世論調査」が挙げられていることは特筆されるべきだろう。

これを受ける形で「ソーシャル・メディア時代の民意とその困難」と題する第2章は，インターネットとスマートフォンによって情報環境とその消費の様式が大きく変化し，その中で政治が「民意」へと介入する，日本の具体的事例を紹介している。

インターネットのソーシャル・メディアの発展は，政治が世論に対して敏感になるだけでなく，政治の民意に対するアプローチを大きく変えることを可能にした。既成マスメディアに加えてネット情報の発展と進化は，特定の政治勢力を優位にする「デジタル・ゲリマンダリング」を可能にすることになったという。こうした介入手法は，2013年からネット選挙が解禁された日本において，自民党が組織した「トゥルース・チーム」によっても展開されたことが著者の綿密な取材から明らかにされている。

もっとも，政治の世論への働きかけを一概に否定することはできない。それはまた，政治の応答性のひとつでもあり，またそれを制限することは表現や通信の自由とも抵触し得るため慎重にならざるを得ない。問題は，情報の消費者向けにカスタマイズされるソーシャル・メディア時代にあって，こうした政治からの働きかけに対する免疫や意識を，個々人のメディア・リテラシーに依存するのには限界があるという点だ。これに対しては，従来のジャーナリズムが得意としてきた監視機能を新たな形で編成しなおさなければならないことの重要性が指摘される。

第2部となる続く第3章以降は，2000年代以降に手がけられてきた3つの新規の世論調査についてのコンセプトや手法が紹介された。

2013年の東京大学×朝日新聞社の世論調査では「感情温度」が尋ねられた。この調査は特定の政治シンボル・用語について好意的な気持ちを抱くか，反感をもっているかを，有権者に0から100のスケールで選んでもらうという手法が用いられる。

「感情温度」は，「支持する／しない」といった二択ではなく，その数値が連続的な値として表れる間隔尺度であるため情報量を多く含み，さらに支持の態度の強度がどの程度なのかを知ることができるという利点を有する。また，尋ねる対象となるシンボル・用語には多様なものを含めることができるため，より広範な形で民意を把握することが可能になっている。一般的に有権者の多くが特定の政治的意見をもっているわけではない。そこで好き・嫌いという感情をベースに民意を測ることで，人々の意見をよりよく把握することが可能になるのである。

2013年参院選，2014年東京都知事選および衆院選に際して行われた立命館大学×毎日新聞社は「ネット選挙調査」と銘打った一連の世論調査を行った。これは，ネット選挙解禁によって政治が印象獲得に本格的に乗り出し，他方では十分な政治教育が準備されないなかで選挙権年齢の引き下げがなされた結果，「イメージ政治」が展開することになるという予測に基づいたものであった。

この世論調査では，各候補者のツイッターの分析を通じて，それらが有権者に対して一方向の発信に留まっていること，また有権者に対する調査ではその多くが政治に対して「いら立ち」という感情を抱いていることなどが明らかになった。そして，政治の側がネット情報の発信を増大させる中，既存のマスメディアもこれに呼応するような分析手法を発展させることが提言されている。

やはり2013年参院選を前に北海道の有権者を対象にしたのは，北海道大学×北海道新聞社の世論調査「道民感覚マップ」である。これは，北海道新聞の社説で取り上げられた事件や事象の固有名詞を対象に，それぞれを「数年後も話題になっている／ないっていない」，「良い印象／良くない印象」，「暮らしを良くする／良くしない」の4つの軸に添って10ポイントスケールで評価する間隔尺度を用いた世論調査である。

このような手法をとったのは，世論調査に付き物である設問文の恣意性を排除するとともに，調査の数字が一人歩きすることを回避し，さらに時間軸を導入することで社会の将来イメージを有権者に問うことが可能になるためである。民主主義が為政者と有権者のコミュニケーションに基礎を置いているとす

れば，相互の理解や意図が共有されることが好ましい。「感覚マップ」はそうしたツールとしても活用できるだろう。

●断片化する民意，極化する民意

　第1章では民主化が進展するにつれて民意が重視されるようになってきた過程，第2章ではそれとともに世論調査の手法も発展してきた過程が述べられ，第3章では新たな情報環境の中で政治が新たな手段でもって世論に働きかけをしている様相が描かれた。以上の第1部の議論は何を指し示しているだろうか。

　まず，民主主義の歴史は，どのような民意を見出すのかの歴史と対になっていたということができる。いわば民意はさまざまな様式でもって媒介されて，見出されるものである。それは過去においては代議制民主主義や政党政治によって先鞭をつけられ，大衆社会の到来によってそこにマスメディアが加わり，現代ではインターネットによって民意が掘り起こされるようになっている。このことは，民意とはただそこにあるのではなく，制度や組織を含む，さまざまなメディア（媒介）によって発見され，形作られるものであることを意味している。そして，世論調査はこうしたメディアであるとともに，新たに生まれていっている民意を可視化するツールともなっているのである。

　ただ，こうした民意を見出すメディアの多元化は，民意を反映することを正当性の根拠とする民主主義に新たな困難をもたらしている。その作用は横方向と縦方向の2つとして作用しているといえるだろう。

　民意の横方向への力学は，社会の分断として表れている民意の断片化である。分断といった場合，社会学的には①集団を分け隔てる境界が主観的・客観的に明確であり，②その集団は固定化されており，③それぞれの集団間の関係が隔絶されており，④集団への資源の分配が不均等になされている状態だと定義して差し支えないだろう（吉川 2018）。個人化のトレンドが不可逆的になり，学歴，居住地，文化的背景，ジェンダー，人種・国籍，宗教などによる分断が民意そのものを見えなくさせ，民意の反映に正当性の根拠を置く現代民主主義を困難にさらしているのだ。

たとえば，既成政党や議会政治家に対する不信感は先進国では1970年代以降に上昇して以降高止まりの状況にあるが，政治を信用していない有権者ほど，既存のメディアを信用せず，正確な報道をしていないとみなしている（Pew Research Center 2018）。先進国の中でも日本はメディアへの信頼感は比較的高いという特徴があるが，それでも多党化の経験とマスメディア不信との間には相関がみられるという（谷口 2015）。

　先に民意はさまざまなメディアによって見出されるものだともしたが，民主主義に対する信頼とメディアに対する信頼は相関しているのであれば，それは直接的に民主主義不信に直結する。民主主義不信はマスメディア不信を，マスメディア不信は民主主義不信を呼び込むのである。このことと，多くの民主主義国で選挙を得ても議会で安定多数を形成するのが困難になっていることとも関係しているだろう。民主主義とマスコミは本来，国民統合や社会統合を可能にする政治様式であり，メディアでもあった。しかし，個々人の意見や態度に応じたメディアが増えていったことで，民意は断片化し，それがまた民主主義やマスコミへの不信を高めるという悪循環に陥っていっている。

　他方で，民意には垂直的力学が働き，極化していっている面もある。第3章でキャス・サンスティーン（Cass Sunstein）による集団極化の指摘が紹介されているが，アメリカを代表として，先進国社会は，それまで意見を共有する単峰型社会から，2つ以上の意見に極化する双峰型ないし多峰型社会へと移行していっている。多数派を作れず，民意が断片化する中で，それぞれの極の中の内圧が高まり，結果として，内部の強度が強い極が民意を代表することになってしまう。

　第2章で紹介されるように，2016年はイギリスのEU離脱の国民投票，アメリカのトランプ大統領誕生という「番狂わせ」があったが，その背景にはケンブリッジ・アナリティカ社がフェイスブックの収集したデータを用いて，離脱派／トランプ陣営に有利な情報操作をしたことが作用したことが判明している（The Guardian 2018）。ただし，こうしたインターネットやソーシャル・メディアを利用した動員や支持調達戦略は，オバマ選対などを含め，政治的スタンス

終章　「メディア」としての世論調査　**143**

の異なる陣営も採用している（渡辺 2016)。民意が水平に断片化しているがゆえに，民意は垂直的に極化されるという，それぞれ相互に作用しつつも相反する力学の中に民主主義は置かれているといえるのではないか。

● 3つの調査に共通しているもの

多様な形で見出されていっている民意によって，民主主義とマスメディアが機能不全を果たしている中で，第2部で紹介された3つの世論調査はどのような特徴をもっているのか。これらの調査には3つの共通項がある。

ひとつは，それがいわゆる世論調査政治から自覚的に距離をとろうとしている点だ。第2章で指摘されたように，世論調査がより頻繁に行われるようになり，さらに政治的支持構造が流動的になって，世論調査の数字が政治に影響を与える蓋然性は増えた。たとえば内閣支持率が30％を切ると「危険水域」，20％を切ると「退陣水域」などという紋切り型が当たり前に報道されるようになった。しかし，世論調査の結果そのものと，政治家がどう行動するか，統治がどのようになされるのかというのは，必ずしも直接的な関係をもっているわけでも，もっている必要性もない。

もっとも，現在の政治や社会を世論がどのように捉え，民意がどう推移しているのかについて確認を怠ることもできない。民意に振り回されず，民意を確認するというアポリア（難問）をどう回避するか――「感情温度」は有権者の態度をよりニュアンスに富む形で提示することで，「ネット選挙調査」は有権者の感情を掬いとることで，「感覚マップ」は複数の評価尺度を交錯させることで，つまりそれぞれ世論を立体的に浮かび上がらせることで，世論それ自体が手段として用いられないようにする配慮をしている。それは，民意とは何らかの手段として用いられること，ましてや政局に用いられるためのものであってはいけないという自覚による。世論調査が現実の政治に影響を与える可能性が高ければ高くなるほど，そして第3章で強調されるように，政治から世論への働きかけが不可逆的に高まっているのであれば，それと距離のとり得る世論調査が模索される必要がある。

次に，関連して，何れの世論調査も有権者の「感情」に注目していることが挙げられる。これは，既存の世論調査が，個々の有権者は明確な政治的意見や態度を有しているはずであり，そうであるべきだという「近代的主体」を前提としているのに対し，そうした意識だけを前提とするのでは民意を明らかにすることはできないのではないかという問題意識による。次元は異なるが，これは経済学において，確固とした選好に基づいて個人の効用を最大化するというホモ・エコノミクス像に対して，感情や損失回避がベースにあるという行動経済学が興隆していることとも無関係ではないかもしれない。行動科学や認知心理学の知見は，人々は合理性や反省性以前に，希望や恐怖といった感情を働かせることを強調するようになっている（カーネマン 2014，セイラー＝サンスティーン 2009，Marcus 2003）。

　政治のイデオロギー上の世界観が崩壊し，専門家の間でも意見の分かれる高度な政策論争が交わされるようになる一方，政治的争点が安全保障問題から子育て問題まで多元化・多様化するようになって，有権者が全てのことに対して確固とした政治的意見をもつことは困難になっている。繰り返しになるが，それでも，現代政治は民意を除く有力な正当性の根拠をもたない。そうであれば人々の思考や行動の根底にある感情に焦点を当てることで，より民意の深層に迫ることが可能になるのではないかという視角である。

　最後の共通項は，その結果として，それぞれの世論調査が新たな政治意識や態度を明らかにしている点にある。たとえば「感情温度」は，従来の保守―革新の意味合いが変わりつつあることなどを証明し，「ネット選挙調査」はこれまでの世論調査では必ずしも把握されなかったネット上に表れる民意を捉えようとする試みとなった。「感覚マップ」も，政治的な意識を複数の尺度で測ることで，世代間で有意な差（たとえば若年層の方が SNS に対してマイナスイメージをもっている一方，靖国参拝などに悪い印象をもっていないこと）などを明らかにすることができた。

　ちなみに，これらはそれぞれに特有のグラフィック（図画）で表現されている。世論を単なる数字として処理するのではなく，具体的なイメージでもって表現

終章　「メディア」としての世論調査　145

していることも共通項だといえるだろう。

●民意をつかまえるメディアとして

　民意と呼ばれるものは歴史的にみても，非定型的なものであり，それは有形無形の形でもって影響を受ける。それは，理性的である場合も，感情的である場合もあれば，正しいことも，間違うこともある。

　そして，世論調査とは，この民意を見出すためのひとつのメディア（媒介）であるとした。それはひとつのメディアである限り，完全な民意の姿ではなく，特定の角度から民意のひとつの側面やトレンドを明らかにするものでしかない。比喩的にいえば，人の姿があるとして，その姿にどの角度からどの程度の光を当てるかによって，人の影の形は変わる。人の姿が民意であり，光が世論調査の関係にあるといえるかもしれない。

　この比喩を続ければ，鏡がない限り，人は自分の姿の全体像を自分で確認することはできない。それは何らかのメディアによって表象・表現されなければ，自分の眼でみることはできないのである。そうであれば，民意を捉まえ，認識することがますます困難になっている時代にあって，政治的態度に捉われる既存のマスメディアや容易に介入を受けるソーシャル・メディアなどと異なり，科学的手法でもって執り行われるメディアとしての世論調査の重要性は増すことはあっても，減ることはないだろう。そして民意が世論を通じて自己を多面的に確認し，その方向を自分で確認することができれば，それは民主主義の発展にも寄与することになるだろう。さまざまな工夫を凝らした世論調査がこれからも求められる所以である。

参考文献

カーネマン・ダニエル，2014，『ファスト＆スロー　あなたの意思はどのように決まるか？（上下）』（村井章子訳）早川書房.

Marcus, George, E., 2003, *The Sentimental Citizen*, Penn State University Press.

岡田直之，2001，『世論の政治社会学』東京大学出版会.

Pew Research Center, 2018, "Trust, Facts and Democracy. Our expanded focus on trust, facts and the state of democracy" 〔http://www.pewresearch.org/2018/04/26/our-expanded-focus-on-trust-facts-and-the-state-of-democracy/〕.

セイラー・リチャード，サンスティーン・キャス，2009，『実践行動経済学』（遠藤真美訳）日経 BP 社.

谷口将紀，2015，『政治とマスメディア』東京大学出版会.

The Guardian, 2018, "The Cambridge Analytica Files" 〔https://www.theguardian.com/news/series/cambridge-analytica-files〕.

渡辺将人，2016，『現代アメリカ選挙の変貌』名古屋大学出版会.

吉川徹，2018，『日本の分断　切り離される非大卒若者（レッグス）たち』光文社.

●**執筆者紹介**（執筆順，※は編者）

※**吉田　徹**（よしだ　とおる）　　北海道大学大学院法学研究科教授
　　担当：はじめに，序章，第5章，終章，コラム1
　　主要著作：『感情の政治学』講談社，2014年
　　　　　　　『ポピュリズムを考える──民主主義への再入門』NHK出版，2011年

　岩本　裕（いわもと　ひろし）　　NHKラジオセンター　チーフ・プロデューサー
　　担当：第1章，コラム2，3，4
　　主要著作：『世論調査とは何だろうか』岩波書店，2015年
　　　　　　　『朽ちていった命──被曝治療83日間の記録』新潮社，2006年

　西田亮介（にしだ　りょうすけ）　　東京工業大学リーダーシップ教育院准教授
　　担当：第2章，第4章，コラム5，7
　　主要著作：『メディアと自民党』角川書店，2015年
　　　　　　　『ネット選挙──解禁がもたらす日本社会の変容』東洋経済新報社，2013年

　三輪洋文（みわ　ひろふみ）　　学習院大学法学部准教授
　　担当：第3章，コラム6
　　主要著作："Can Reshuffles Improve Government Popularity?　Evidence from a 'Pooling the Polls' Analysis," *Public Opinion Quarterly*, Oxford University Press, 2018. "Values Preferences and Structures among Japanese Voters and Political Candidates," *Japanese Political Science Review*, Japanese Political Science Association, 2018.

民意のはかり方
——「世論調査×民主主義」を考える

2018年8月10日　初版第1刷発行

編　者	吉田　徹
発行者	田靡純子
発行所	株式会社　法律文化社

　　　　〒603-8053
　　　　京都市北区上賀茂岩ヶ垣内町71
　　　　電話 075(791)7131　FAX 075(721)8400
　　　　http://www.hou-bun.com/

＊乱丁など不良本がありましたら，ご連絡ください。
　送料小社負担にてお取り替えいたします。

印刷：亜細亜印刷㈱／製本：㈱藤沢製本
装幀：白沢　正
ISBN 978-4-589-03902-6
Ⓒ2018　Toru Yoshida Printed in Japan

JCOPY　〈(社)出版者著作権管理機構　委託出版物〉

本書の無断複写は著作権法上での例外を除き禁じられています。複写される場合は，そのつど事前に，(社)出版者著作権管理機構(電話 03-3513-6969，FAX 03-3513-6979，e-mail: info@jcopy.or.jp)の許諾を得てください。

吉田　徹編

ヨーロッパ統合とフランス
—偉大さを求めた1世紀—

A5判・330頁・3200円

フランスという国民国家が主権の枠組みを超える欧州統合という史上稀にみる構想を，どのようにして実現していったのか。経済危機で揺れる欧州の深層を探るべく，第一線の研究者とフランスの元外相が共同執筆。

杉田　敦編

デモクラシーとセキュリティ
—グローバル化時代の政治を問い直す—

A5判・224頁・3900円

政治理論が主に考究してきたデモクラシーの問題と，国際政治学が主に扱ってきたセキュリティの問題がグローバル化の中で交差している。第一線の政治学者・国際政治学者が境界線の再強化，テロリズム，日本の安保法制・代議制民主主義の機能不全などの政治の諸相を深く分析。

岡本哲和著

日 本 の ネ ッ ト 選 挙
—黎明期から18歳選挙権時代まで—

A5判・186頁・4000円

どのような候補者がどのようにネットを使ってきたのか。ネットから影響を受けるのはどのような有権者なのか。2000年衆院選から2016年参院選までの国政選挙と一部の地方選挙（大阪市長選）で実施した調査をもとに，実証的かつ中長期的スパンで体系的に分析・提示。

阿部容子・北　美幸・篠崎香織・下野寿子編

「街頭の政治」をよむ
—国際関係学からのアプローチ—

A5判・220頁・2500円

脱原発デモをはじめ，国内外で発生した「街頭の政治」は，かつての政治運動と比べてどのような特徴をもち，制度的政治参加とどう関連していたか。運動の背景や国際政治の新潮流などから「街頭の政治」の意味を捉え返す。

出原政雄・長谷川一年・竹島博之編

原理から考える政治学

A5判・236頁・2900円

領土紛争，原発政策，安保法制，格差・貧困など危機的状況にある現代の政治争点に通底する政治原理そのものに着目し，原理と争点を往復しながら，改めて具体的争点を解き明かす。目前の政治現象への洞察力を涵養する。

——— 法律文化社 ———

表示価格は本体（税別）価格です